新高考日语

考前对策 ＋ 全真模拟

顾　问　刘　伟

主　编　江晓萍

副主编　邵艺婷　李明昊　王　剑

中国宇航出版社

·北京·

图书在版编目（CIP）数据

新高考日语考前对策+全真模拟 / 江晓萍主编 ；邵
艺婷，李明昊，王剑副主编. -- 北京 ：中国宇航出版社，
2024.5
　　ISBN 978-7-5159-2360-4

　　Ⅰ．①新… Ⅱ．①江… ②邵… ③李… ④王… Ⅲ.
①日语课－高中－升学参考资料 Ⅳ．①G634.463

　　中国国家版本馆CIP数据核字(2024)第068865号

策划编辑 李琬琪		**封面设计** 李彦生	
责任编辑 李琬琪		**责任校对** 冯佳佳	

出 版 发 行	中国宇航出版社		
社 址	北京市阜成路8号	邮 编	100830
	（010）68768548		
网 址	www.caphbook.com		
经 销	新华书店		
发行部	（010）68767386	（010）68371900	
	（010）68767382	（010）88100613（传真）	
零售店	读者服务部		
	（010）68371105		
承 印	三河市君旺印务有限公司		
版 次	2024年5月第1版	2024年5月第1次印刷	
规 格	787×1092	开 本	1/16
印 张	20.25	字 数	467千字
书 号	ISBN 978-7-5159-2360-4		
定 价	68.00元		

本书如有印装质量问题，可与发行部联系调换

编委会

前言

2024年1月20日，相信对于广大高中日语一线教师及学子来说，都是一个重要的日子。就在这一天，教育部教育考试院发布了2024年高考综合改革适应性测试日语科新课标试卷（简称"适应卷"），"适应卷"的发布宣告了前四批启动高考综合改革的省份（自治区、直辖市）的高考题型新动向。一时之间，高三一线教师和考生感到了迷茫与慌乱。题型的变动、资料的匮乏、备考计划亟待调整，这些都是一线教师和考生所面临的挑战。

高考题型变化对备考学生来说既是挑战，也是机遇。在中山市教育教学研究室的关心与指导下，在中山市杨仙逸中学的支持下，中山市的教师迅速组织起来，形成一股合力，共同命制模拟卷来积极备考。中山市日语中心教研组牵头，以中山市教育科研2022年度一般项目"学业质量水平下的高中日语试题数据驱动命制研究"（课题编号：B2022206）课题组为核心，邀请了大湾区30余位高中日语一线教师共同参与该项目。团队成员由来自中山、佛山、广州、珠海等地的6名兼职日语教研员和来自中山、佛山、广州、深圳、惠州、黄冈（湖北）等地的众多一线骨干教师组成。

模拟卷由中山市日语中心教研组团队指导命题。该团队自2022年以来组织了广东省一模日语分析报告的撰写，中山市期末统考高一至高三年级试题的命制及试题质量分析报告的撰写，对试题的规范命制、难度的调控、试题的多维度审查等都有丰富的实操经验，在省内有极强的影响力。依托2022年中山市教育科研立项课题"学业质量水平下的高中日语试题数据驱动命制研究"的研究成果，包括《普通高中日语课程标准（2017年版2020年修订）》（简称《课标》）解读、高考试题研究、命题框架开发、市级期末统考数据分析等研究成果指导本次命题。可以说，该团队既有理论研究的成果指导，也有命题实践的经验借鉴。因此，在组织命制模拟卷的过程中，对新题型研究的接入工作推进得非常迅速，我们用一周时间对试题进行了详尽的分析，开发了听力、阅读、语言运用、写作四个部分的命题审查维度说明和对应的审查表，也在线上召开了这四个部分的命题组会

议；在具体命题的实操层面，我们前期采用板块分组的形式，由听力、阅读、语言运用、写作四个部分的组长组织组员命题，并推进前期开发的命题审查维度说明的实施，以此保障每个板块试题内容的质量。合卷后，团队以模拟卷组长为核心，评估每套模拟卷的难度以及语言知识与技能考查对学业质量水平五级（高考水平）要求的覆盖程度，以此保障试题整体的难度更加有利于高三的备考和复习。此外，我们还组织了内部审核与外部审核，共同保证 10 套模拟卷内容的科学性与合理性。

　　《新高考日语考前对策＋全真模拟》的出版，是"学业质量水平下的高中日语试题数据驱动命制研究"课题组研究的阶段性成果，也是大湾区高中日语教师的一次大型教研实践活动。希望本书能为广大一线日语教师和学子送去备考的信心与力量。

江晓萍

2024 年 3 月 21 日

于中山市杨仙逸中学日新书屋

目录

第一部分 题型解读与应对策略

第二部分 模拟卷答案解析

第一部分

题型解读与应对策略

2024年1月20日，教育部教育考试院发布了2024年高考综合改革适应性测试日语科新课标试卷（简称"适应卷"），"适应卷"的发布宣告了前四批启动高考综合改革的省份（自治区、直辖市）的高考题型新动向。新旧题型的变动不止在试题的题型及结构上，也在题型的命题方式上有所呈现。对于广大高中一线日语教师及考生来说，明确新题型的变化方向和特点，是科学备考的第一步。我们应该先明白"变化是什么"，才能知道"策略怎么制定"。因此，本部分先总体分析整体试卷的结构变化，再分板块解读题型的命题方式，最后提出应对的策略。

一、新结构

从整体题型设置的顺序上看，第一部分的听力与第四部分的写作题序不变，原第二部分"日语知识运用"改为"语言运用"，放在了第三部分，原第三部分的"阅读理解"，调换到第二部分的"阅读"。这是因为"语言运用"里出现了填空题，考虑到阅卷的需要，答题区域适合安排在临近主观题部分。

从主客观题的题量及分值比例来看，客观题包括第一部分听力、第二部分阅读、第三部分语言运用，总题量是60题，总分值为110分；主观题即写作部分，总题量是2题，总分值为40分。客观题与主观题分值比例由原来的4:1调整为2.75:1，与英语卷的比例保持一致。具体来说，客观题比以往减少了15题，分值减少10分，这减少的10分归并在主观题的写作部分的应用文。客观题分值的减少，主观题分值的提升，意味着考生凭机会答对试题的操作空间减少，也意味着试题的命制朝着更突出表达能力的考查方向改革。理解与表达，是外语类测评的两大考查途径，此次表达类题型分值的上升，更加反映了这一趋势——重视表达。另外，语法填空题新题型的设置，改变了以往不是选择题就是写作题的单一结构，丰富了命题方式与考查方式，同时要求考生精准地写出助词、单词的相应形式及单词读音或汉字，这也释放出一个信号，即重视基础，可以说是另一个趋势。

总体来讲，"适应卷"的整体结构更加合理，题型更加多样化，考查方式更加多元，为更好地选拔人才奠定了题型及题量的结构基础。

表1　新旧题型结构对比

题序	题型	题目要求	题量	每题分值	总分
第一部分	听力（旧）	听7段录音，每段录音后有1道小题，从A、B、C中选出最佳选项	15	2	30
		听4段录音，每段录音后有2道小题，从A、B、C中选出最佳选项			
	听力（新）	听5段录音，每段录音后有1道小题，从A、B、C中选出最佳选项	20	1.5	30
		听5段录音，每段录音后有几道小题，从A、B、C中选出最佳选项			
第二/三部分	日语知识运用（旧）	单句挖空选择题：从A、B、C、D中选出最佳选项	40	1	40
	语言运用（新）	完形填空：从A、B、C、D中选出最佳选项	20	1.5	30
		语法填空：填入助词或单词的正确形式、单词假名或汉字			
第三/二部分	阅读理解	从A、B、C、D中选出最佳选项	20	2.5	50
第四部分	写作（旧）	命题作文： 字数300~350字， 使用「です・ます」体	1	30	30
	写作（新）	应用文： 字数80~120字， 使用「です・ます」体	1	10	10
		命题作文： 字数280~320字， 使用「です・ます」体	1	30	30

二、新题型及新考法

（一）听力

1. 字数及题量

　　听力文本的整体字数为1300~1600字。每小题参考字数见下表，第一节中，简单考点占用字数在50~60字，困难考点（多为推测题）占用字数是100~120字。整体字数呈现"爬坡式"上升趋势，从易到难。见表2。

表 2　2024 年"适应卷"听力每小题字数

题序	字数	1 个考点（平均）占用字数
1	52	52
2	56	56
3	53	53
4	121	121
5	106	106
6~8	172	57
9~11	183	61
12~14	200	66
15~17	238	79
18~20	140	47
总计	1321	

听力包含两节，第一节是 5 个短语篇，每个语篇后有 1 个小题，共 5 题。第二节是 5 个长语篇，每个语篇后有多个小题，共 15 题。"适应卷"给出的是每个语篇 3 个小题的设问量，即"3*5=15 组合"，这与德语、法语的新题型中听力部分的设问量一致，但值得注意的是，俄语与英语出现了另一种设问量的组合：2+2+3+4+4=15，且教育部考试中心的指导文件指出："长语篇增加至 5 个，后续小题由原来 2 题增至多个小题"，并没有限定每个长语篇 3 题的出题量，故也可参考英语及俄语的结构，命制模拟卷。本书模拟卷为了尽可能涵盖多样的出题模式，设置了模拟卷一至八为与"适应卷"完全相同的设问模式，即"3*5=15 组合"，模拟卷九至十则对标英语卷，为"2+2+3+4+4=15 组合"。

2. 语篇特点

（1）主题语境

参考《课标》中生活、人文、社会、自然四个范畴的主题语境。参考近 6 年（2018—2023）听力文本中的话题类型可知，在听力 10 个主题中，"生活"主题不少于 8 题，在此基础上，每一套搭配人文、社会、自然 3 个主题中的 2 个，各设置 1 题。"生活"主题居多，较多地涵盖《课标》中的校园生活、衣食住行、学习生活、休闲生活等主题，因为听力部分是学生考试时最先接触的板块，根据一般性测试理论，试题的编排应是"从易到难"的，而选择学生所熟悉的日常生活中的主题语境进行命题，是调试难度往容易的方向走的方法之一，故在听力部分，主题语境多为学生日常生活中接触的、熟悉的话题。另外，这一选材特征也符合《课标》中学业水平质量五级（高考水平）描述中提到的"围绕熟悉的主题，调动已有知识与策略，理解语篇的关键信息，把握语篇的主要意义、观点和情感态度"。

（2）文体特征

第一节短语篇的文本类型多是短对话，"适应卷"给出的暂未出现独白的语篇，但从历年高考来看，在第一节偶有出现独白的情况，所以备考时也应有所涵盖。第二节长语篇的文本类型是对话或者独白，从这次"适应卷"来看，基本上保持与历年高考一致的语篇类型排列顺序，即最后一段为独白，其余为对话。

（3）敬简体比例

听力对话中，男女双方对话采用的是敬体还是简体，暗示了对话双方的身份关系，这也是富有日语语言特色的一种表达方式。在历年高考题包括本次"适应卷"中，都能看到敬体（双方都用敬体）、简体（双方都用简体）与敬体混合简体（一方用敬体，另一方用简体）三种形式存在，题量的分布逐年不同。一般来讲，双方使用敬体，表示两者关系较为生疏，或是在较郑重、正式场合的对话。双方同时使用简体，表示两者的关系亲密，对话场合较随意。双方对话中出现了敬体混合简体，表示有一方的身份高于另一方，常见于商务情境中上下级的对话。因此，在备考时，同一套题中，应当安排三种形式的对话文本练习，以适应不同文体类型的要求。另外，纵观《课标》实施后的高考题，可以发现，对富含日语语言特色的语言表达进行考查的题目数量日益增多，这类表达往往成为解题的关键，为了应对这一变化趋势，要更加重视对话中敬体与简体相搭配的题型。本书模拟卷在听力部分中，敬简体题量的比例符合表3真题及"适应卷"的配比，因此仿真性较高。

表3　2018年高考日语全国卷—2024年"适应卷"听力10个语篇中敬简体类型题量情况

敬简分布	2018年 高考全国卷	2019年 高考全国卷	2020年 高考全国卷	2021年 高考全国卷	2022年 高考全国卷	2023年 高考全国卷	2024年 "适应卷"
敬体	4	4	5	5	10	6	5
简体	5	4	3	5	1	4	1
敬体混合简体	2	3	3	1	0	1	4

3. 命题特色

（1）考点设置特点

考点需要覆盖以下方面：时间、地点、物品、性质和状态、人物、事件、数字和数量及频率、方式、原因、主题和观点态度等。

自2018年教育部颁布《课标》以来，日语高考全国卷听力部分的考点命制呈现以下几个特点。

➢ 时间、地点是基础性考点，当要调节难度往容易的方向走时，这两个考点设置多一些，详见表4中2020年考题的考点分布情况。

➢ 事件考查的角度包括但不限于先后顺序、判断正误、结果推测，若要调节难度往难的方向走，则考虑多设置这一考点，纵观《课标》颁布后6年来的高考题，可以发现2021年、2022

年、2023年事件考点比重较大。

➤ 复合考点，即虽然题干提问的是一个考点，实则解答时需要结合其他维度的知识。如2022年高考全国卷第8题考查地点与时间、2024年"适应卷"第13题考查数字与地点的复合。目前复合考点中的基本考点都是基础性考点，如果要增加难度，只需要将基本考点换成中等难度或高难度考点即可。所以在备考时，应当适当增加该类考点的练习。

表4　2018年高考日语全国卷—2024年"适应卷"听力考点分布

年份	时间	地点	物品	人物	事件	数字、数量、频率	方式	原因	主题	观点态度
2018年高考全国卷	0	4	4	0	2	2	1	1	0	1
2019年高考全国卷	3	0	2	0	1	2	2	3	1	1
2020年高考全国卷	3	6	0	1	2	2	0	0	1	0
2021年高考全国卷	2	1	0	5	1	2	1	1	1	1
2022年高考全国卷	1	2	1	1	7	2	0	1	0	0
2023年高考全国卷	3	0	1	2	5	0	1	1	0	2
2024年"适应卷"	4	4	0	1	3	3	1	3	0	0

（2）选项设置特点及难易度特点

"适应卷"中，答案呈现为"间接"的共有5题，即推断题有5题，推断题是提高难度的一种操作方式。"适应卷"推断题的题量与近6年高考题相比有所减少。另外，答案出现的位置也影响题目的难易程度。一般说来，在第一节短对话中，答案出现的位置越靠后，越有利于考生答题，如表5所示，第一节80%的题目都是文本最后才出现答案的，所以难度较小。在第二节中，题目基本是按文本中信息出现的先后顺序设置，但也存在少量"跳序"设置的题目。

对干扰项的设置，引入"全读""半读""无读"的概念。"全读"指的是所有的干扰项都来自文本；"半读"指的是干扰项部分来自文本，部分没有；"无读"指的是所有的干扰项都不来自文本。在"适应卷"中，"全读"有12题，占60%，这要求考生还是要听懂绝大部分语篇的内容。但是，"全读"并不一定伴随着高难度题目，题目的难易还与答案的位置、词汇及句法的难易度相关，一般说来，"全读"的题目如果答案出现在中、后部分，则该题很可能是容易的题目。与此相对，"无读"的题目不一定是容易的，如果考查的是对整体语篇的判断，需要通过推断、归纳才能得出正确答案，这类题目对考生要求较高。

表 5　2024 年"适应卷"听力选项设置情况及难易度情况

题序	答案呈现	答案位置	干扰项情况	难易度判断（易／中／难）
1	直接	后	全读	易
2	直接	中	半读	易
3	直接	后	无读	易
4	直接	后	全读	易
5	间接	后	全读	难
6	间接	前	全读	中
7	直接	中	全读	易
8	直接	中后	无读	易
9	直接	前	全读	易
10	直接	后	全读	中
11	间接	前	无读（整体判断）	中
12	直接	中	全读	易
13	直接	前、后	全读	中
14	直接	后	半读	易
15	间接	中	无读（整体判断）	难
16	间接	前中后	无读（整体判断）	难
17	直接	后	全读	易
18	直接	前	无读	易
19	直接	中	全读	易
20	直接	后	全读	易

（二）阅读

1. 字数及题量

"适应卷"由于将原有的40个语言知识运用的单选题改为两个语篇的语言运用题，在阅读量上有所增加，为了确保总体阅读量在考生的可承受范围内，"适应卷"的语篇文本长度较2018年、2022年高考全国卷有所下降，阅读总量保持在3600字左右。

表6　2018年高考日语全国卷—2024年"适应卷"阅读题语篇文本及题目长度汇总

试卷年份	各语篇文本长度				语篇文本总长度	题目长度	阅读总量
	第一篇	第二篇	第三篇	第四篇			
2018年高考全国卷	543	560	498	506	2107	1493	3600
2019年高考全国卷	513	450	389	495	1847	1535	3382
2020年高考全国卷	422	417	450	521	1810	1314	3124
2021年高考全国卷	488	558	495	558	2099	1413	3512
2022年高考全国卷	600	503	670	659	2432	1518	3950
2023年高考全国卷	347	432	426	649	1854	1594	3448
2024年"适应卷"	401	533	576	471	1981	1541	3522

2. 语篇特点

（1）语篇主题、题材、体裁

① 语篇主题

纵观2018年至今的高考日语阅读语篇主题，可以发现，社会、生活、人文主题覆盖较多。

② 题材特点

纵观《课标》实施后的高考阅读试题语篇题材，可总结为以下特点。

➢ 与教育有关；

➢ 与健康有关；

➢ 与学习能力以及学习方法有关；

➢ 与日语学习中体现日语特色的语言文化现象有关，

➢ 与中日文化中交叉重合部分元素（汉字、书法）有关；

➢ 与正确价值观念、健康积极的人生观有关；

➢ 与科学技术、大众传媒、数字媒体素养有关；

➢ 与日本独特的社会文化现象有关。

表7　2018年高考日语全国卷—2024年"适应卷"阅读题语篇题材汇总

	第一篇	第二篇	第三篇	第四篇
2018年高考全国卷	周末早起的好处	妈妈教我金钱的使用方法	不要畏惧失败	语言的力量
2019年高考全国卷	志愿者经历	人类头脑和仓库的关系	书法中的人生道理	被老师鼓励的故事
2020年高考全国卷	家庭教育	晨读的好处	网络依赖症	工作中的感人故事
2021年高考全国卷	粮食浪费现状及对策	日本父亲的疲劳程度	个人时间的调适	"百闻"和"一见"的看法
2022年高考全国卷	与小狗的故事	日本人的睡眠时间与方式	语言习惯背后的亲疏关系	人生价值及教育方式
2023年高考全国卷	健太的邀约烦恼	算数能力衰退的现状与原因	汉文与字母	幸福的定义
2024年"适应卷"	日本的玄关家访	日本人的汉字书写困难	日语中下级对上级的赞赏方式	旅行的意义

③ 体裁特点

阅读语篇的体裁一般为记叙文、议论文、说明文、感想文、应用文。一般说来，同一套题中，记叙文、议论文是必须同时存在的语篇体裁。

表8　2018年高考日语全国卷—2024年"适应卷"阅读题体裁汇总

	2018年高考全国卷	2019年高考全国卷	2020年高考全国卷	2021年高考全国卷	2022年高考全国卷	2023年高考全国卷	2024年"适应卷"
第一篇	议论文	应用文	记叙文	说明文	记叙文	记叙文	记叙文
第二篇	记叙文	议论文	说明文	说明文	议论文	议论文	议论文
第三篇	议论文	议论文	议论文	感想文	说明文	议论文	议论文
第四篇	议论文	记叙文	记叙文	议论文	议论文	议论文	议论文

（2）文体特征

"适应卷"中，语篇文体设置为三篇简体，一篇敬体。简体中还存在"だ""である"混用的情况。

在历年的高考题中，三篇简体外加一篇敬体的组合较为常见。

表 9　2018 年高考日语全国卷—2024 年"适应卷"阅读题文体特征汇总

	第一篇	第二篇	第三篇	第四篇
2018年高考全国卷	敬体	简体	敬体	敬体
2019年高考全国卷	敬体	简体	敬体	敬体
2020年高考全国卷	敬体	简体	简体	简体
2021年高考全国卷	简体	简体	简体	简体
2022年高考全国卷	简体	简体	简体	敬体
2023年高考全国卷	简体	简体	简体	敬体
2024年"适应卷"	简体	敬体	简体	简体

3．命题特色

（1）考点设置分类及特点

对照《课标》所提"理解关键信息、解决问题"的要求，从语篇的角度重新思考2018年后高考阅读中的考点设置，笔者将考点分类汇总，详见表10。

表 10　2018 年高考日语全国卷—2024 年"适应卷"阅读题考点汇总

按语篇内外分类	问题的实质	考点	考查实质
语篇内部形式、意义理解	是什么（非填空选择题）	指代	语篇衔接（句内、句际）
		意思	语篇衔接（句际）
		方式	语篇衔接（句内、句际）
		对象	语篇衔接（句内）
		描述	语篇衔接（句内、句际）
		符合	整体判断（句内）
		观点、态度、情感	整体判断（句际）
	为什么（非填空选择题）	原因	语篇衔接（句际）
	是什么（填空型选择题）	接续词	语篇连贯（句际）
		词汇、短语、句子	语篇衔接（句际）
语篇外部解决问题	怎么办（非填空选择题）	分类	整体判断（句际）
		结果	整体判断（句际）
		选择	整体判断（句际）

考点的设置在多大层面上覆盖了语篇的篇幅，解题关键句在句内抑或句际抑或跨越段落或者覆盖全语篇，决定了阅读题在理解层面的考查层次的深浅。梳理《课标》发布以来的高考阅读题考点，按照语篇的覆盖程度，先区分出考查的是对语篇内部形式或意义的理解，还是在语篇外部设题，用语篇的内容去解决实际问题这两类。第一类，考查语篇内部形式或意义的理解，题干设问可大致分为"是什么（非填空）""为什么""是什么（填空）"三小类。"是什么（非填空）""为什么"类的考点，覆盖了以往旧高考的大部分题型，考查的句意理解范围或在句内或是句际（包含段落），多倾向于对细节信息和关键信息的理解、对作者态度及观点的推测判断，主要是在微观层面考查语篇的衔接。"是什么（填空）"类的考点，若是接续词的挖空，往往考查语篇结构，也就是语篇的连贯问题，通常考查的范围是句际且多为段落间的联系；若是对词语或短语或句子的挖空，则也是在微观层面考查语篇的衔接问题。可以说这三大类考查的方式，都是在考查对语篇的形式及内容的理解。

第二类，也是应当注意的新考法，那就是"怎么办（非填空）"类考题。考查的特点是创设一种情境，让考生基于原文所给信息进行回答，本质上其实也是考查对语篇内容或形式的理解，但是增加了一层"解决问题"的考法。

（2）选项设置特点及难易度特点

①结构一致、平衡

阅读题的选项设置，一般来讲，都是结构趋向一致与平衡、内容篇幅保持长短相近的。这样的设置排除了考生不依赖文本就可直接做题的可能性，迷惑性较大。

②干扰项既可无中生有，也可移花接木

在设置干扰项时，有些会无中生有地运用联想的方式生成误导性的信息，或是过度解读衍生的内容，或是与正确选项相似却不同的描述；有些则是移花接木地将正确的信息与错误的信息相拼凑，或是将不同类别的事物进行重新组合，考生若是不紧贴文本来对照选项，则容易受大脑中的模糊信息干扰，导致错选。移花接木类的选项相较无中生有类的选项而言，难度更大。

③正确选项既可文内词语或句型替换，也可派生重写

在研究正确选项时，发现正确选项往往有这样的特点——不一定都是按照原文的排列组合来陈述，而多是将原文词汇或句型进行同义替换，或者派生重写，或者提炼概括，这样的考法意在考查考生的语言能力与思维能力、理解能力。

（三）语言运用

1. 字数及题量

语言运用包括语篇（一）和语篇（二）。语篇（一）是完形填空选择题，共10题。考生需要从A、B、C、D四个选项中选择一个最佳选项填入空格中，形成完整的语篇。该题字数为500~650字；语篇（二）是语法填空题，共10题。考生需要根据括号内提示填入助词、单词的正确形式、单词的假名或汉字。该题字数为450~600字。语言运用这两题加起来的总体字数为

1100~1250字。

2. 语篇特点

（1）语篇主题、体裁

语言运用的语篇参考《课标》中生活、人文、社会、自然四个范畴的主题语境。一般来说，体裁可以分为记叙文（寓言类文章）、说明文、议论文或者夹叙夹议文。但用在完形填空里的语篇一般为记叙文或夹叙夹议文，偶见议论文。语法填空，因为题型设置的特点，考生主要考虑在单句内根据括号里的要求答题，所以对语篇的体裁要求相对来说不高。"适应卷"语法填空的语篇体裁为记叙文。

（2）语篇特色

分析"适应卷"中语言运用两个语篇的内容，可以总结出以下两个特色。

➢ 语篇结构清晰而紧凑，逻辑线明朗；

➢ 具有一定故事情景和教育意义。

3. 命题特色

（1）语篇（一）考点设置特点及考查特点

① 考点覆盖面

考点覆盖以下方面：助词（格助词、接续助词、副助词、终助词）、动词意思辨析、动词变形、自他动词、动词的固定搭配、补助动词、复合词、授受动词、形容词意思辨析、形容词变形、副词、连词、助动词、指示代词、形式名词、数量词、词缀、外来语、敬语、常用句型、日常交际表达。

② 考点的设置特点

考点的设置比例：根据语篇的特点，试题会尽可能多角度地考查各个考点，一般同一考点只设置1个。其中格助词和单词变形部分不设置相关考点，因为会在语法填空中考查。

考点的设置间隔：一般说来，文章长度为500~650词，10处空格的词距为25~30词，首句一般不设空。

考点的设置特点：完形填空题会逐渐摒弃语法分析，朝着深层化和语境化的方面挖掘，因此考生需借助上下文乃至全文语境来揣摩作者的心情和态度。在答题过程中，除了对关联用语的把握外，还要把握作者在叙述或议论过程中语气、动作、形象、情绪、心态等的描写。这与《课标》中所提及的"对语篇直接或间接提供的信息、事实、观点、情感、态度的理解"是相符合的。另外，关注通过理解日语经典、特色句型或文化背景才能解题的考查方式，如省略主语、暧昧表达、文化常识等。

③ 考查特点

考查语篇的结构，在逻辑关系明显处设题，如因果、列举、递进、比较、对比、转折、条件、时间、空间、顺序、总结等；考查语篇的衔接，在指代、词义复现（同义、近义或反义词的异形复现）、照应处设题。

（2）语篇（二）考点设置特点及考查特点

①考点覆盖面

考点内容主要围绕助词、动词、形容词、名词进行设置。考点设置主要从单词变形（给定提示）、词组或句型固定搭配、单词默写三个方向出发。

②考点的设置特点

答案唯一性：因为是填空题，所以答案往往要确保遵循唯一性原则。

考点设置特点：易中难三个层次的题目数量合理，同时除去基础性语法点（变形、单词假名或汉字等）考查之外，考点设置在未来也可能朝着此方向发展，即注重引导学生增强对长难句问题的分析能力，根据句型结果分析得出答案；在单词假名或汉字考点的设置中，汉字书写多考与中文汉字有细微差异的汉字；副助词考点的设置则因为答案的唯一性原则，会优先考查有固定句型的副助词。

（四）写作

写作共两题，第一题是应用文写作，分值为10分。要求根据导语对情境进行描述，采用导语所规定的应用文体裁进行写作。主要考查的是交际应用能力与语言组织能力。针对不同的交际对象，考生是否能采取相应的交际表达，表达是否得体，是否能顺利完成导语所布置的写作任务，是这一题重点要考查的内容。

第二题是命题作文，分值为30分。要求根据导语所提示的主题及写作要点进行写作，该题是以往旧题型的保留。主要考查的是就一个主题，结合自己的经验或者观点展开叙述或者阐述、论证。常考的体裁有记叙文、议论文、图表说明议论文，多是议论或夹叙夹议类的考查方式。在近几年的考查中，注重引导考生书写反映真实生活与个性化表达成为命题的趋势。

三、新策略

（一）听力

1. 瞄准考点精细练

每位一线教师及考生需要知道听力所覆盖的全部考点，在这个基础上，识别出考生目前容易得分的考点和相对难以得分的考点，列表做一个排序，循序渐进地突破每个考点。

如前所述，一般来讲，基础一般的同学可以瞄准以下六类基础性考点：时间、地点、数字和数量、性质和状态、方式、原因。基础较好的同学则建议努力突破理解整体语篇才能解题的考点：主题、观点、态度、复合考点等。考生可以用本书10套模拟卷中的1~4套测试自己的已得分考点、可得分考点和难以得分考点。

瞄准了自己的可得分范围后，要做到精细训练。具体来说，建议以考点为中心，归纳相关词语与句式表达。例如"时间"这一考点，考生应当掌握的词汇包括年、季节（季语）、月

份、星期、时分秒等，应当掌握的句式表达包括在日语中表示时间先后顺序的句型。对词语和句法有了一定熟悉度后，再汇总不同情境下该考点的考题，进行专项突破。这个阶段应当将重点放在"考题是如何设问"的层面，在练习的过程中，需要思考这几个问题：回答考点的关键句是哪一句？在原文的什么位置？它与前后文是如何联系的？多思考这三个问题，自己就能摸索出命题者出题的规律了，经过这样的精细练习，相信掌握考点并不难。

2. 以读带听双提升

如果仔细思考听力部分的实质，你会发现其实听力考的是在接触语音的瞬间，大脑里已留档的词汇及句式表达被激活、唤醒并重新组合形成有意义关联的句子群。如果大脑里本身没有这些词汇及表达，或者这个激活、唤醒的过程较长，那么是完成不了听力考试的。所以，听力考试要求考生对不同情境的相关词汇及表达有较高的熟悉度，这就要求考生在备考过程中，用朗读的方式巩固熟悉度，实行"以读带听"策略。

"以读带听"可以在做完每套模拟卷后按照下面步骤实施：第一步，核对听力试题的答案，浏览听力原文，标出在做题时听不出来的单词及表达；第二步，查字典或询问老师确认读音及含义，确保理解每个语篇所设置的情境是什么，为了支持该情境采用了什么功能性语言表达，能清楚分析每个句子的结构。这一步建议扎实地做好笔记；第三步，一句句跟读录音材料，根据需要播放与暂停，在跟读每一句时，要做到眼、耳、口、脑同步启动，眼睛看、耳朵听、嘴巴读、大脑思考句意，循环3~5遍；第四步，撤掉录音材料，即不看原文，耳、口、脑并用，实施"影子跟读"，这时录音播放不中断，确保每个语篇都能扎实地听下来；第五步，撤掉录音，自己流利地朗读。这个方法已经帮助过许多备考日语能力考试的学生成功攻下听力部分，是短期提升听力的绝佳方法。

（二）阅读

1. 速读后概括与提炼

基于《课标》指导的阅读考题设置，趋向于考查对语篇整体逻辑结构的理解，以及句意是如何衔接起来服务于整体的内容输出、价值输出，所以对于整个语篇逻辑线，即语篇结构的理解是非常重要的。因此，考生需要通过速读，在读完每一段后，快速概括该段落所讲内容，再联系各段落内容，串联出逻辑线，提炼出整个语篇的核心内容及思想。这往往在解答接续词、观点态度考点时特别有效。

因为高考阅读语篇每一篇要求的阅读量在400~650字之间，单篇要求的字数并不高，所以如果要提高阅读的速度，提升迅速概括的能力，则可以依据上述提及的议论文、记叙文、说明文的体裁，按照上述所归纳的体裁特点，找到逻辑走向不同的语篇来学习。例如，做完五套模拟卷后，可以将模拟卷中的阅读题，按照题材进行归类，再细分体裁，在每个段落前规定自己用四个字概括段落大意，并提炼出文章的逻辑线，将不同体裁的不同逻辑线的语篇进行对比，多做这个训练，其实是在提炼作者的写作思路，既能提高阅读能力，也能提高写作能力。

2. 细读后对照与比较

对于指代、意思、方式、对象、描述、原因等考点的考题，做题的策略应该是在速读提炼的基础上，再细读文本，将文本与选项进行对照，用排除法缩小选择范围后，确定预答项，再将预答项与原文表述进行比较，确认是按照原文的排列组合，还是将原文词语或句型进行同义替换，或者派生重写，或者提炼概括，总之要比对最终输出的选项句意与原文句意是否一致，是否有扩大或者缩小句意表达的范围。通常做了这一番比对之后，能提高答题的正确率。

而对于"怎么办"类的考题，先确定是分类匹配的问题，还是预测结果的问题，再比照文本与选项，勾选对应的表达。

（三）语言运用

1. 提炼大意抓逻辑

语篇（一）的设置初衷本就是摒弃以往单选题在独立的单句里考查语言知识点的做法，避免语言的考查与语境脱离的弊端，扭转为了得分而机械刷题的备考局面，让语言的考查更加真实与自然，也让教学更加注重语篇的整体性。因此，在备考时，这个大方向是应该坚持的。

为了更好地把握语篇，一线教师及考生应该注意提炼语篇大意，明确逻辑线后再做题。"适应卷"中，有几题的设置是单句内可解题，但更多的是结合上下文，推测作者态度之后，选择相应的语言表达。明确了这种考查方式后，在做每一篇完形填空时，可以采取抓取逻辑线的方法，其实同上述阅读的备考策略是基本一致的，那就是概括提取段落大意，在此基础上，再分析段内的逻辑关系，将整条逻辑线以思维导图的方式串联开来。

2. 夯实基础稳拿分

语篇（二）的设置旨在重视语言表达的最基础性的知识，如单词的记忆与默写，助词的对比与运用，固定句型的记忆与选取，用言及名词的识别与变形等。因此，这些基础性的语言知识，应当作为复习当中首先确保的拿分基本面。

要拿到这些基础分并不难，也可以说在备考中，最容易提升的就是这部分。那么，该如何做呢？针对单词的默写题以及用言及名词的变形题，不妨考虑将义务教育阶段及普通高中阶段《课标》中所给的单词进行汇总，按照词性进行分类后，设置成每天的单词默写和变形练习。单词默写包括根据假名写汉字，也包括根据汉字填假名；变形练习需要囊括动词及形容词在高考范围内的所有活用。以一个月为周期，统计易错的单词及变形，在下一轮的设置中根据需要调整要求。再以一个季度为周期，对比前后的得分率，检验自己是否有所提升，检测自己的努力程度及结果。

（四）写作

1. 一网打尽周周练

在平时的备考中，对于应用文这个新题型，要做到的是将所有可能出题的体裁一网打尽，

且在练习的过程中，还要注意变换不同的交际对象与交际场合，考虑措辞的不同。以下是根据《课标》、英语的应用文写作命题方向筛选出来的14类备考体裁参考。

表11　应用文备考体裁汇总

序号	类别	序号	类别	序号	类别
1	书信	6	演讲（自我介绍、发言稿、竞选等）	11	启事
2	邮件	7	广告推荐	12	报告
3	便条	8	倡议书	13	会议记录
4	通讯文	9	说明、操作指令	14	日记
5	通知	10	菜谱		

在这个基础上，结合日语中常用的应用文体裁及情境设置，确定了本书10套模拟卷应用文写作的题目以及该题目可以衍生练习的题目，各位教师及考生可以在使用本模拟卷练习的基础上，结合需要调整任务中的微场景，进行替换训练，从而扩大应用文备考的话题面。

表12　模拟卷应用文汇总

套卷	题材	本书方向	衍生方向
第一套	感谢信	向日本友人或朋友致谢，感谢他的礼物、款待、帮助	向日本老师致谢，感谢他的教导、帮助
第二套	邀请函	邀请日本朋友一同庆祝传统节日	邀请日本朋友参加生日派对
第三套	建议信	向日本朋友就人际交往或学习、高中生活提建议	向日本朋友就如何平衡学习和活动的关系提建议
第四套	申请信	向机构或学校申请参加志愿者活动	向机构或学校申请参与活动
第五套	求助信	向日本老师求助，请求老师给予学习指导、改作文	向日本友人求助，请他给予旅游建议、帮忙带特产
第六套	邮件	向学校或老师请病假	向学校或老师请事假
第七套	留言条	向日本老师或者日本友人借图书	向日本老师或者日本友人进行电话转述
第八套	通知	向日本留学生或者友人发布晚会、活动等通知	向日本留学生或者友人发布比赛、讲座等通知
第九套	倡议书	向日本留学生团体发起环保类倡议	向日本留学生团体发起关于节约金钱、时间等的倡议
第十套	贺年卡	向日本老师表达感谢和新年祝福	向日本老师传达游玩计划、表达新年祝福

应用文的练习应该提升频率，要求的字数较少，指令也较清晰，在实际的操作中，建议根据上述锁定的练习方向，做到每周至少练习一次，以此保持对不同体裁、不同情境、不同交际对象的应用文的反应速度与做题感觉。

2. 精益求精回头查

在考场上或平时训练做题时，无论是应用文还是命题作文，写完之后需要做的、收效显著的一点是精益求精回头查。简单而言，就是回头检查对照自己的行文是否都覆盖到了写作要点，是否能完成写作任务。再者，看看围绕这些要点的回答，句与句的衔接是否连贯，逻辑是否清晰，表达是否通顺，对自己的行文应有一个精益求精、润色完善的意识。只有具备了这个意识，在每次的练习或考核中，才能保证自己发挥出最佳的写作水平。

总的来说，新题型的出现既是挑战，也是机遇。新高考模式必将弥补旧高考机械刷题的不足，从而引领新的教学与学习方式的变革。应对新题型，无外乎三句话：夯实基础精准练，重视语篇大观念，听说读写全覆盖。

第二部分

模拟卷答案解析

新高考日语模拟卷（一）

答案速览

第一部分　听力

1	2	3	4	5	6	7	8	9	10	11	12	13	14	15	16	17	18	19	20
C	A	B	B	B	C	A	C	C	A	B	A	B	B	B	C	B	A	C	B

第二部分　阅读

21	22	23	24	25	26	27	28	29	30	31	32	33	34	35	36	37	38	39	40
B	A	C	A	D	A	B	D	B	C	C	D	A	B	C	A	D	B	D	C

第三部分　语言运用

第一节

41	42	43	44	45	46	47	48	49	50
C	B	D	A	B	A	D	B	C	B

第二节

51	52	53	54	55
で	生まれ育っ	送られ	慣	すいえい

56	57	58	59	60
と	新たな	たく	に	早

听力原文

1.
男：先生、明日の運動会は何時からですか。
女：9時から準備して、一時間後から始まりますよ。
男：10時ですね。分かりました。

2.
女：高橋さん、すみませんが、このところを教えてくれませんか。
男：すみません。今はちょっと忙しいですので、後でいいですか。
女：そうですか。じゃ、ここで待ちます。

3.

女：今朝、何を食べたの。

男：ええと、パンと牛乳だよ。鈴木さんは？

女：今朝はお粥でした。

4.

女：田中さん、この箱を運んでくれる？

男：一人では無理かもしれない。森さんは？

女：森さんなら今日は病気で休みだよ。

男：仕方がないね…じゃ私一人でやるしかないな。

女：お願い。

5.

女：この公園、緑が多くなりましたね。

男：そうですね。最近、木を植える人をよく見かけますね。

女：そうですね。私も明日南山に行って、木を植えるつもりです。

男：北山のほうがもっと近いでしょう。

女：でも、友達から誘われましたからね…

6~8.

女：武、夜8時のパーティー、忘れないでね。ホテルで。

男：そこは結構遠いだろう。車で2時間かかるけど。予約したケーキも取りに行かなきゃ。

女：そうだね。30分ぐらいかかるわ。あ、紙のお皿もお願い。10枚ね。

男：念のため、やはりもっと多く持っていったほうが…

女：それもそうね。

9~11.

男：明日、一緒にバスで図書館へ行こう。本を借りたいから。

女：明日は週末だから、バスなら結構時間かかるでしょう。地下鉄で出発したら？速
　　いし。

男：それもいいね。あっ、そうだ。帰る途中、一緒にノートを買おう。

女：いいよ。私もちょうど、葉書を買いたいから。じゃ、また明日。

12~14.

女：田中先輩、明日の説明会の準備は大体終わりました。

男：お疲れ様。ところで、鍵と資料、事務室の渡辺さんに渡してくれる？そして渡辺さんか
　　らお客様へのお茶をもらってきてね。

女：分かりました。お客様との挨拶はもう社長に頼みましたよね。

男：うん。あ、晩ご飯の予約もお願い。よ～し、いよいよ明日だね。みんな元気を出して、
　　頑張ろうか。

女：はい。一緒に頑張りましょう。

15~17.

男：お客様、まもなく光デパートに到着いたします。今日は木曜日なので、割引がございま

す。１階にはスーパーがあり、２階は洋服売り場でございます。３階には子供用のものがたくさんあり、４階では美味しいものが食べられます。またスーパーでは、特産の桃がおすすめでございます。五つ買うと１割引になりますが、八つ以上だと２割引になります。お得なセールですが、割引のためにたくさん買うより、必要な分だけ買うほうがいいでしょう。

18~20.

女：今、受験勉強で必死に頑張っている高校生がたくさんいます。週に一度携帯を使うことしかできないし、勉強や人間関係でいろいろなストレスもたまっているから、携帯を使いすぎる人が多くなっています。その中では、ネットで非常に失礼なことを言う人もいるのではないでしょうか。しかし、ネットで他人をいじめるのも法律違反です。現実的な世界ではないですが、社会に悪い影響を与える可能性も高いです。ですから、よく考えてから、コメントしてください。

答案详解

第一部分　听力

第一节

1.【参考答案】C

　　【本题问题】运动会什么时候开始?

　　【答案解析】男：10時ですね。（是10点。）此题考查提取具体信息，故答案选C（10点）。

2.【参考答案】A

　　【本题问题】女子接下来要做什么?

　　【答案解析】女：じゃ、ここで待ちます。（那我在这里等你。）此题考查提取具体信息，故答案选A（等男子）。

3.【参考答案】B

　　【本题问题】女子今天早上吃了什么?

　　【答案解析】女：今朝はお粥でした。（今天早上喝了粥。）此题考查提取具体信息，故答案选B（粥）。

4.【参考答案】B

　　【本题问题】谁来把箱子搬走?

　　【答案解析】男：仕方がないね…じゃ私一人でやるしかないな。（没办法……那我只能一个人搬了。）女：お願い。（那就拜托了。）此题考查提取具体信息，结合前文可知，男子即是田中先生，故答案选B（田中先生）。

5.【参考答案】B

　　【本题问题】女子在哪里植树?

　　【答案解析】女：私も明日南山に行って、木を植えるつもりです。（我也打算明天去南山

· 22 ·

植树。）此题考查提取具体信息，故答案选B（南山）。

第二节

6.【参考答案】C

【本题问题】男子晚上要去哪里？

【答案解析】女：武、夜8時のパーティー、忘れないでね。ホテルで。（武，今晚8点的派对别忘了哦，在酒店。）此题考查提取具体信息，根据这句话，可以得知男子晚上要参加派对而去酒店，故答案选C（酒店）。

7.【参考答案】A

【本题问题】男子什么时候出发？

【答案解析】男：そこは結構遠いだろう。車で2時間かかるけど。予約したケーキも取りに行かなきゃ。（那里还挺远的，开车应该要花2小时，还得去取预订的蛋糕才行。）女：そうだね。30分ぐらいかかるわ。（是啊，还得花半小时来取蛋糕。）此题考查简单逻辑推断，根据该段对话，可以推断男子应该要提前2小时30分出发，又已知派对8点开始，故答案选A（5:30）。

8.【参考答案】C

【本题问题】纸盘要准备几张？

【答案解析】女：あ、紙のお皿もお願い。10枚ね。（纸盘也拜托你拿10张哦。）男：念のため、やはりもっと多く持っていったほうが…（以防万一，还是多准备点好吧……）女：それもそうね。（那倒也是。）此题考查简单逻辑推断，根据这句话，可以推断纸盘应该准备超过10张，故答案选C（15张）。

9.【参考答案】C

【本题问题】两人要怎么去图书馆？

【答案解析】女：明日は週末だから、バスなら結構時間かかるでしょう。地下鉄で出発したら？速いし。（因为明天周末，所以坐公交车应该会很费时间吧，不如去坐地铁，还很快。）男：それもいいね。（那也好。）此题考查提取具体信息，故答案选C（坐地铁）。

10.【参考答案】A

【本题问题】男子为什么要去图书馆？

【答案解析】男：明日、一緒にバスで図書館へ行こう。本を借りたいから。（明天一起坐公交车去图书馆吧，我想借点书。）此题考查提取具体信息，根据这句话，可以得知男子想去图书馆的目的是借书，故答案选A（因为想借书）。

11.【参考答案】B

【本题问题】女子打算买什么？

【答案解析】男：あっ、そうだ。帰る途中、一緒にノートを買おう。（啊，对了。回来的时候一起买点笔记本吧。）女：いいよ。私もちょうど、葉書を買いたいから。（可以啊，我正好也想买明信片。）此题考查提取具体信息，因此女子打算买的是明信片，而不是笔记本，故答案选B（明信片）。

12.【参考答案】A

【本题问题】女子要从渡边那里拿到什么？

【答案解析】男：そして渡辺さんからお客様へのお茶をもらってきてね。（然后从渡边那里把要给顾客的茶叶拿过来吧。）此题考查提取具体信息，根据这句话，可以得知女子要从渡边那里拿到茶叶，故答案选A（茶叶）。

13.【参考答案】B

【本题问题】两个人之间是什么关系？

【答案解析】女：田中先輩、明日の説明会の準備は大体終わりました。（田中前辈，明天的说明会的准备基本上完成了。）男：お疲れ様。（辛苦你了。）此题考查简单逻辑推断，根据这段对话，可以推断两人应是工作上的同事关系，故答案选B（工作的同事）。

14.【参考答案】B

【本题问题】谁预约晚饭事宜？

【答案解析】男：あ、晩ご飯の予約もお願い。（拜托你也预约一下晚饭。）女：はい。（好的。）此题考查提取具体信息，因此预约晚饭事宜的是女子，故答案选B（女子）。

15.【参考答案】B

【本题问题】今天星期几？

【答案解析】男：今日は木曜日なので。（因为今天是星期四。）此题考查提取具体信息，故答案选B（星期四）。

16.【参考答案】C

【本题问题】如果要买儿童用品，应该去几层？

【答案解析】男：3階には子供用のものがたくさんあり…（3层正在售卖许多儿童用品……）此题考查提取具体信息，根据这句话，可以推断出，要买儿童用品应该去3层，故答案选C（3层）。

17.【参考答案】B

【本题问题】如果买5个桃子会便宜多少？

【答案解析】男：またスーパーでは、特産の桃がおすすめでございます。五つ買うと1割引になりますが、八つ以上だと2割引になります。（还有，在超市，推荐购买特产的桃子，若是买5个则会打9折，8个以上则会打8折。）此题考查简单逻辑推断，根据这句话，可以推断买5个桃子会打9折，便宜了10%，故答案选B（10%）。

18.【参考答案】A

【本题问题】如今一周使用多少次手机的高中生占多数？

【答案解析】女：今、受験勉強で必死に頑張っている高校生がたくさんいます。週に一度携帯を使うことしかできないし…（现在有很多因为备考而拼命努力的高中生。他们一周只能使用一次手机……）此题考查简单逻辑推断，根据这句话，可以推断一周内使用一次手机的高中生占多数，故答案选A（一次）。

19.【参考答案】C

　　【本题问题】高中生在互联网中发表不正当言论的理由是哪个？

　　【答案解析】女：週に一度携帯を使うことしかできないし、勉強や人間関係でいろいろなストレスもたまっているから、携帯を使いすぎる人が多くなっています。その中では、ネットで非常に失礼なことを言う人もいるのではないでしょうか。（因为他们一周只能使用一次手机，而在学习和人际关系等方面积攒了压力，就会有人过度使用手机，并且也有人会在互联网上发表不礼貌言论吧。）此题考查简单逻辑推断，根据这句话，可以排除A（手机的过度使用），B（睡眠不足），而选项C（学习或人际关系的烦恼）符合原文中的论述，故正确答案应为选项C。

20.【参考答案】B

　　【本题问题】这段演讲主要描写了什么？

　　【答案解析】女：しかし、ネットで他人をいじめるのも法律違反です。現実的な世界ではないですが、社会に悪い影響を与える可能性も高いです。ですから、よく考えてから、コメントしてください。（但是在互联网中对他人实施暴力是违法的。虽然并不是现实世界，仍有很大可能性对被网暴的人在心理上造成恶劣影响。所以，请大家在深思熟虑之后再在网上发言。）此题考查理解、归纳中心思想，根据这段话，可以得知本文的中心是围绕网络使用的正确方法和如今的高中生应该如何做展开的，故答案选B（注意过度使用手机和上网遵纪守法）。

第二部分　阅读

（一）

原文	中文翻译
笑顔は私にとって、人と接する時に最も大切な要素です。中学校から八年間のチアダンス（啦啦操）から、その素晴らしさを学びました。 　チアダンスは、笑顔で踊ることが特徴です。これまでに数多くの場所で踊ってきましたが、老人ホームでの慰問を通じて特に笑顔の力を実感しました。 　踊り終えてから、お年寄りたちと触れ合い、「笑顔に感動した」「笑顔をありがとう」などと多くの感謝の言葉をいただきました。彼らの笑顔を見ていると、私も感動して、一緒に楽しい時間を過ごしました。	对我来说，微笑是与人互动时最重要的因素。我从初中开始练习的8年啦啦操经历中体会了它的美妙之处。 　啦啦操的特点是面带微笑地跳。到目前为止，我在很多地方跳过操，但还是通过养老院的那次慰问活动才真正意识到微笑的力量。 　跳完操之后，我与老人们互动时听到了许多感谢的话语，例如"我被你们的笑容感动了""谢谢你们的笑容"。看到他们的笑容，我也很感动，我们一起度过了愉快的时光。

（ア　また）、アメリカでのチアダンス体験では、異なる言語の壁にぶつかった私に、ダンサーたちの笑顔が救いでした。彼らの明るい笑顔に触れ、不安が消え、自然と笑顔がこぼれました。その笑顔は、言葉の壁を取り払い、心をつなぐ力を持っていると感じました。初対面の人同士には壁ができがちです。それを取り除き、安心感を生み、楽しい時間を共有できるのが笑顔です。	另外，在美国的啦啦操表演的经历中，我遇到了不同语言的壁垒，那时是舞者们的笑容拯救了我。我被他们灿烂的笑容感动，我的焦虑消失，自然而然地笑出来了。我觉得他们的笑容拥有打破语言壁垒、沟通心灵的力量。第一次见面的人往往会遇到交流壁垒。而笑容能将它消除，创造一种安全感，并且让双方分享美好时光。
人は、たくさんの人と出会い、関わりを持ちながら生きていきます。お互いが幸せな気持ちになれるように、これからも、笑顔の力を信じて生きていきたいと思います。	人们会和许多人相遇，并保持联系。为了我们的幸福，我想今后也继续相信微笑的力量。

21.【参考答案】B

　　【本题问题】文中说到"感动了"，是谁感动？

　　【答案解析】本题考查对第三段第1句的句意理解。根据该句中文翻译，并分析该句是老人说的话，题目问的是："感动"的动作主体，故应是"老人"。由此可见，选项B正确。

22.【参考答案】A

　　【本题问题】在文中（　ア　）的位置放入哪个词最合适？

　　【答案解析】本题考查第三段和第四段的逻辑关系。结合段落上下文的翻译，第三、四段讲述的是作者所举的两个关于微笑的力量的例子，题目问的是：段落间应当添加的接续词，即"又""再"，表达并列关系，故应是"また"。由此可见，选项A正确。

23.【参考答案】C

　　【本题问题】在啦啦操表演的经历中，作者感受到了什么？

　　【答案解析】本题考查对第四段的句意理解。根据上文翻译，题目问的是：啦啦操经历给作者带来的感受，即第四段第3句，"我觉得他们的笑容拥有打破语言壁垒，沟通心灵的力量"，故应是"微笑沟通心灵的力量"。由此可见，选项C正确。

24.【参考答案】A

　　【本题问题】文中的"それ（那个）"所指的是哪一项？

　　【答案解析】本题考查对第四段第4~5句的逻辑关系的理解。根据上文翻译，题目问的是："それ"所指的内容，"それ"一般指前文的内容，"それを取り除き（去除它）"，指的是去除"壁（壁垒）"。由此可见，选项A正确。

25.【参考答案】D

　　【本题问题】接下来将如何对待新认识的人？

【答案解析】本题考查对文章主旨的理解。根据上文翻译，题目问的是：面对新认识的人的应对方式，即文章最后一句"相信微笑的力量"，故应是"不制造壁垒，展开笑容"。由此可见，选项D正确。

（二）

原文	中文翻译
スマホは私たちの生活でとても大切なものだが、手放す（放下）ことの大切さに気付くきっかけがあった。それは高校時代にテストで良い点数が取れなかったとき、母にスマホを没収された（ア　経験）だ。最初は不安で勉強に集中できなかったが、スマホから解放された喜びも感じた。普段気付いていない細かいことに注目できたからだ。 　　友達と遊ぶ時も気持ちが変わった。スマホを手放すことで、相手に集中できて、友達との話が深まった。スマホに頼らない時間が、周りとのつながりを深められると感じた。 　　さらに、時間の流れが遅く感じられた。情報が手に入り、返事が直ちにできる世界から離れると、時間の流れ方が変わることに気付き、家族と過ごす時間が幸せになる。 　　スマホから距離を置くことで、リアルなコミュニケーションや自己探求の時間を手に入れることができる。スマホの便利さを認めながらも、手放すことで新しい発見や心の豊かさを得られる。時間の本来の流れや自己発見の重要性をもう一度認識し、周りとの絆を深める貴重な機会となる。スマホとの付き合い方を見直し、大切な瞬間を見逃さないよう心がける（留心）ことが大切だ。	智能手机虽然在我们的生活中非常重要，但曾经发生的一件事让我有机会意识到放下手机也很重要。那就是当我在高中考试中没有取得好成绩时，妈妈没收了我手机的经历。起初，我非常焦虑，无法专心学习，但我也感受到了摆脱智能手机的快乐。这是因为我注意到了通常注意不到的细节。 　　当我和朋友一起玩时，我的心情也变了。放下手机后，我能够专注于对方，并与朋友深入交流。我觉得我不依赖智能手机时加深了与周围人的联系。 　　此外，时间的流逝似乎变慢了。当我离开可以获取信息并立即回消息的世界时，我意识到时间流逝得慢了，与家人共度的时光也变得幸福。 　　通过远离智能手机，我可以有时间进行真正的交流和自我探索。在承认智能手机的便利性的同时，我可以通过放下手机获得新的发现和精神上的充实。这是一个宝贵的机会，让我重新体会到时间的真实流动和自我发现的重要性，还加深了与周围人的联系。同时我们也要重新审视智能手机的使用方法，注意不要一不小心，错失美好的瞬间。

26.【参考答案】A

【本题问题】在文中（　ア　）的位置放入哪个词最合适？

【答案解析】本题考查对第一段第2句话的句意理解。根据上文翻译，题目问的是：我是如何意识到放下手机的重要性的。依据文章，"那就是当我在高中考试中没有取得好成绩时，妈妈没收了我手机的（经历）"，即"経験"，由此可见，选项A正确。

27.【参考答案】B

　　【本题问题】文中说到"我无法集中精力学习",那是为什么?

　　【答案解析】本题考查对第一段第3~4句的句意理解。根据上文翻译,题目问的是:我无法集中精力学习的原因。故应是"母にスマホを没収された(被妈妈没收了手机)""最初は不安(一开始很不安)",故应是"手机被没收,很不安"。由此可见,选项B正确。选项A意为"考试考砸了",选项C意为"弄丢了重要的手机",选项D意为"察觉到了平时的小事"。

28.【参考答案】D

　　【本题问题】文中说到"心情变了",它的结果是什么?

　　【答案解析】本题考查对第二段的句意理解。根据上文翻译,题目问的是:心情变化的结果。故应是"专注于对方,与朋友深入交流",即"交流加深了",由此可见,选项D正确。选项A意为"和朋友开心地玩耍",选项B意为"时间过得很快",选项C意为"对手机的依赖减少了"。

29.【参考答案】B

　　【本题问题】文中"重要的瞬间"是指什么?

　　【答案解析】本题考查对第四段的句意理解。根据上文翻译,题目问的是:重要的瞬间所指内容。文中提及要"重新审视智能手机的使用方法,注意不要一不小心,错失美好的瞬间",这种重要时刻指的是上文提及的"放下手机而得到的东西",也就是"新的发现和精神上的充实",由此可见,选项B正确。

30.【参考答案】C

　　【本题问题】关于手机的使用方法,作者是如何看待的?

　　【答案解析】本题考查对作者观点态度的理解。题目问的是:作者对使用手机的看法,根据第四段第2句"承认智能手机的便利性"和第4句"重新审视智能手机的使用方法",即"手机很方便,但有必要重新审视手机的使用方式"。由此可见,选项C正确。选项A意为"应当尽量不使用手机",选项B意为"如果没有手机,就感受不到和周围的羁绊",选项D意为"放下手机可以防止浪费时间"。

(三)

原文	中文翻译
メダカ(稻田鱼)は、子どもの時によく見かけた小さな魚だった。その数が非常に多かったため、子供たちにとっては魅力のない雑魚だった。しかし、1999年にメダカが絶滅の危機に瀕しているというニュースを聞いた時、<u>私は驚いた</u>。子供のころに魚取りに熱中した私には信じられないことだった。	稻田鱼(鳉鱼)是我小时候经常看到的一种小鱼。它们太多了,所以对孩子们来说是没有吸引力的杂鱼。然而,当我在1999年听到稻田鱼濒临灭绝的消息时,我很震惊。对于小时候热衷于捕鱼的我来说,这简直难以置信。

昔の田んぼ（农田）は用水路で水を引いていた。田んぼと大体同じ高さにある用水路を通して、水がその高低差で一つの田んぼから隣の田んぼに入っていく。昔の子どもがこのような用水路で魚取りをした。用水路は地形に応じて曲がり、深さも違うので、水の流れに応じて違う植物が生えていた。秋になって田んぼから排水されても用水路には水が残って、そこで魚が生きていた。

しかし、１９６０年代に始まった農薬基本整備事業で、田んぼは土木工事で変貌し、用水路はコンクリート（混凝土）のＵ字管にされた。断面の形がＵ字型で、水を流す時は洪水のように大量に流れる。また、用水路は水田との高低差を利用して作られたので、排水すると、田んぼが干上がる（干枯）。すると、Ｕ字管は水がなくなる。その結果、夏の「洪水」、冬の「砂漠」が繰り返して、生物にとっての厳しい環境が広がった。

日本の農業は、米作りだけでなく、家畜を飼育、近所の人との助け合い、土地や収穫への感謝の気持ちなどに支えられたものだったはずだ。しかし、土木工事はそのようなことをすべて無視した。そのことの意味の深さを私たちは考えなければならないと思う。

过去，稻田是由水渠引水的。水经由与稻田高度大致相同的水渠，因高度差异，从一块稻田流入下一块稻田。过去，孩子们常常在这些水渠里捕鱼。水渠依地形弯曲，深度不同，因此依着水的流向也生长着不同的植物。即使在秋天，稻田的水被排干时，水渠中仍然有水，鱼就在那里生存。

然而，由于20世纪60年代（日本）开始实施基本农用化学品维护项目，稻田被土木工程改造，水渠被制成了混凝土Ｕ形管。横截面呈Ｕ形，所以当放水时，它像洪水一样大量流动。此外，由于水渠是利用稻田和稻田之间的高度差修建的，因此当水排干时，稻田会干涸。于是，Ｕ形管就没水了。结果，夏季的"洪水"和冬季的"沙漠"循环反复，生物的生存环境恶化了。

日本的农业不仅仅是水稻种植，还应当是由养殖家畜、邻居互助、对土地和丰收的感激之情等支持起来的农业。然而，土木工程却完全无视了以上这些方面。我认为我们必须思考这件事的深刻意义。

31.【参考答案】C

【本题问题】文中说"我很震惊"，那是为什么？

【答案解析】本题考查对第一段第1~3句的句意理解。根据上文翻译，题目问的是：我很震惊的原因，即"我听到稻田鱼濒临灭绝的消息""它们（稻田鱼）太多了"，故应是"稻田鱼曾经非常多"。由此可见，选项C正确。

32.【参考答案】D

【本题问题】文中的"用水路（水渠）"是指什么？

【答案解析】本题考查对第二段中水渠描述的句意理解。根据上文翻译，题目问的是："用水路（水渠）"的定义，即"稻田是由水渠引水""水经由与稻田高度大致相同的水渠，因高度差异，从一块稻田流入下一块稻田"，故水渠是引水装置，即"水从一块稻田流向下一块稻田的路"，由此可见，选项D正确。选项A意为"为了运送水，在稻田处修成的道路"，选项B意为"连接稻田间的地下系统"，选项C意为"混凝土做成的管道"。

33.【参考答案】A

　　【本题问题】关于"水渠"和"U形管"的描述不正确的是哪一项？

　　【答案解析】本题考查第三段中对"水渠"和"U形管"的描述的理解。根据上文翻译，题目问的是："水渠"和"U形管"的异同点。选项A意为"水渠和U形管到了秋天都没水了"，此项描述不正确。依据为第二段最后一句，"即使在秋天，稻田的水被排干时，水渠中仍然有水"和第三段第4句"然后，U形管就没水了"。

34.【参考答案】B

　　【本题问题】文中说的"冬季的'沙漠'"是指什么？

　　【答案解析】本题考查对第三段第2~5句的句意理解。根据上文翻译，题目问的是："冬天的沙漠所指内容"，考生可通过所在句"夏季的'洪水'和冬季的'沙漠'循环反复"了解它们之间的联系，并依据第三段第3~5句中的"放水时像洪水一样大量流动""排水了稻田干涸""U形管没水"，可知"沙漠"指的是U形管，故应是"干涸的U形管"。由此可见，选项B正确。选项A意为"弯曲的水渠"，选项C意为"变成沙漠的水田"，选项D意为"没有植物的环境"。

35.【参考答案】C

　　【本题问题】作者最想表达的是什么？

　　【答案解析】本题考查对文章整体的理解。根据上文翻译，题目问的是：作者的情感态度，作者通过说明水渠和U形管的差异，讲述了U形管导致鱼类失去生存水域的问题，故选项中符合的是"应当思考农业装置对生物的影响"。由此可见，选项C正确。选项A意为"应尽可能减少农药的使用"，选项B意为"为了农业，应致力于环境保护"，选项D意为"应理解传统农业方法的重要性"。

（四）

原文	中文翻译
「塞翁が馬」は私にとって大切な言葉で、「塞翁」というおじいさんの話だ。おじいさんの馬が逃げて村の人が心配したが、彼は良いことの始まりと考えた。後に馬とともに名馬が帰ってきたが、息子が乗ったら足を骨折した。村の人は災難だと思ったが、おじいさんはまた良いことがあると。戦争が起こって若者は死んだが、息子は怪我のため生き残った。「塞翁が馬」は幸福や不幸は変化し、予測できないという意味だと私は思う。	"塞翁失马"对我来说是一个很重要的成语。这是一个关于名叫塞翁的老人的故事。老人家的马跑掉了，村里人都很担心，但老人却认为这是一件好事的开始。后来马和一匹名马一起回来了，但他的儿子骑上后摔断了腿。村里人觉得这是灾难，但老人却还说会有好事发生。战争爆发了，年轻人都死了,他儿子因为受伤幸存下来。我认为"塞翁失马"说的是幸福和不幸都是会变化的，无法预测。

この３０年間様々な「塞翁が馬」を経験した。医学部を卒業し、立派な病院で働けたことを嬉しく思ったが、怖い上司に怒られ続けたり、父を失ったりする悲しみもあった。医者としての自信を失い、どうしたら父のような今の医学で治せない患者さんを助けられるかと考えた。<u>そんな私</u>は研究者の道を選び、再び大学院に入り、海外での研究を経て自信を取り戻した。しかし、帰国後は日本の研究環境に適応できず、研究者としての自信を失ってしまった。その時、<u>研究をやめて</u>医者に戻ろうと思ったが、結局やめられなく、（ア　<u>研究を続けて</u>）ついにノーベル賞を受賞した。	在过去的30年里，我经历了各种各样的"塞翁失马"。能够毕业于医学院，并在一家很好的医院工作，当时我很高兴。但我却遇到了可怕的老板，他一直批评我，后来我还经历了丧父之痛。我没有信心再当医生，思考着如何去帮助那些像父亲那样以现在的医学暂时无法治愈的病人。于是，那时的我选择了科研的道路，重新考学，经历在国外的研究后，我重获了信心。然而，回国后，我无法适应日本的研究环境，没有自信能搞好科研。那时，我又考虑放弃研究，重新成为医生，但最终我没能放弃，继续研究，并最终获得了诺贝尔奖。
ノーベル賞受賞後も、喜びと共に注目を浴びることの苦労もあった。それもまた人生の一部であり、「塞翁が馬」の一つと考える。人生には喜びも悲しみも含まれて、すべての出来事には意味がある。だからこそ、どんな状況でも一喜一憂するのではなく、冷静に考えることが大切だと感じている。	获得诺贝尔奖后，我收获喜悦的同时，也体会到了受到关注带来的苦恼。这也是人生的一部分，也是"塞翁失马"的一种。生活中充满了喜悦和悲伤，每件事情都有意义。正因此，无论处于何种情况下，我认为都要不以物喜，不以己悲，冷静思考是非常重要的。

36.【参考答案】A

  【本题问题】"塞翁失马"告诉我们什么？

  【答案解析】本题考查对第一段，尤其是最后一句的句意理解。根据上文翻译，题目问的是："'塞翁失马'讲述的道理"，即"都是会变化的，无法预测"，故应是"幸福和不幸是无法预测的"。由此可见，选项A正确。

37.【参考答案】D

  【本题问题】文中说的"那样的我"具体指什么？

  【答案解析】本题考查对第二段的句意理解。根据上文翻译，题目问的是："那样的我所处的状况"，第二段第4句即"那时的我选择了科研的道路，重新考学……""我"做出决定是在经历了丧父之痛，没有信心再当医生，还想帮助患者之时，即"想要帮助像父亲那样的患者的我"，由此可见，选项D正确。

38.【参考答案】B

  【本题问题】文中说到"放弃研究"，那是为什么？

  【答案解析】本题考查对第二段第5~6句的句意理解。根据上文翻译，题问的是：放弃研究的原因，即第5句"无法适应日本的研究环境，没有自信能搞好科研"，故应是"没有习惯研究环境"。由此可见，选项B正确。

39.【参考答案】D

　　【本题问题】在文中（　ア　）的位置放入哪个词最合适？

　　【答案解析】本题考查对第二段最后一句的句意理解。根据上文翻译，题问的是："我"想放弃研究，再当医生，结果没能放弃，之后做了什么事情，获得了诺贝尔奖。由该句中"我没能放弃"指的是"没能放弃研究"，故应是"继续研究"。由此可见，选项D正确。

40.【参考答案】C

　　【本题问题】作者最想表达的是什么？

　　【答案解析】本题考查对文章主旨大意的理解。根据上文翻译，题目问的是：作者最想表达的观点。A选项意为"如果失去了做医生的自信心那就应转身去当研究员"，选项B意为"如果没有医学院的经历的话就无法获得诺贝尔奖"；选项C意为"人生是无法预测的，悲喜交替到来"；选项D意为"幸福有可能变成不幸，所以有必要提前防备"。结合文章主要内容，讲述的是作者人生之中与"塞翁失马"相似的经历，传达了"人生难测""都要不以物喜，不以己悲"的想法。由此可见，选项C正确。

第三部分　语言运用

第一节

原文	中文翻译
ある冬の夜、一人の男が屋台のそば屋でそばを注文した。男は店の看板、割り箸、さらに器、汁、そばの細さなどを次々に褒めながら、おいし<u>41そうに</u>そばを食べた。	在一个寒冷的冬夜，一个男人在路边的一家荞麦面摊店点了一碗荞麦面。这个男人一边不停地夸奖店铺里的招牌、一次性筷子、碗、汤和面条的细腻，一边吃着荞麦面，<u>41看起来</u>吃得津津有味。
男は食べ終わって、お会計の時に「細かいお金しかないから<u>42間違えるといけない</u>。」と言い、お金を一枚ずつ数えながらそば屋の手の上に乗せていった。「一、二、三、四、五、六、七、八…」と数えたところで、「今何時だい？」と時間を聞いたら、「九つです。」とそば屋が答えた。男はそのまま数を数え<u>43続け</u>、「十、十一、…十六。ごちそうさま！」と十六文を払い終わると、さっさと（迅速地）行ってしまった。つまり、そば屋の返事である「九」の分、代金の一文を誤魔化した（蒙混）<u>44わけ</u>だ。	当男人吃完后，结账时他说："我只有零碎的钱，<u>42如果数错了就不好了</u>。"他一边数着钱一边把钱放在面摊老板的手上。他数着"1、2、3、4、5、6、7、8……"，然后问了一句："现在几点了？"面摊老板回答："9点。"于是男人<u>43继续</u>数着钱："10、11……16。谢谢款待！"他付了16文钱，然后匆匆离去。<u>44也就是说</u>，他在面摊老板回答"9"的时候，偷偷少付了1文钱。

その様子をこっそり見ていた与太郎という男がいた。与太郎は45鮮やかな手口に感心し、自分も真似して46みようと決めた。 翌日、与太郎はそば屋をわざわざ探しに行った。見つけたそば屋の屋台に47声をかけ、そばを注文した。しかし、彼が見つけたそば屋は昨日のそば屋とは48ぜんぜん違って、褒めるところがひとつもないひどいそば屋だった。無理やり（不情願）褒めながら、49なんとか食事を終えた。 与太郎は、例の会計に取り掛かった（着手）。「一、二、三…八。今何時だい？」と聞くと、「うーん、四つです。」と答えたそば屋。与太郎は、「五、六、七、八…」とまた数え出したのだ。与太郎はまずいそばを食べさせられた50うえに、結局四文も損をすることになったのだ。	有一个叫作与太郎的人偷偷看到了这一幕。他对这种45巧妙的手法感到钦佩，决定也要46尝试着这样做。 第二天，与太郎特意出去找荞麦面摊。他向找到的荞麦面摊喊了47声，点了一碗荞麦面。但是，他找到的这家面摊和昨天的48完全不一样，根本没有什么值得夸奖的地方，是一家很糟糕的面摊。他一边不情愿地夸奖着，一边49硬着头皮吃完了饭。 与太郎开始结账："1、2、3……8。现在几点了？"他问道，面摊老板回答说："嗯，4点。"于是与太郎又开始数钱："5、6、7、8……"他不仅吃了难吃的面，50而且最后还亏了4文钱。

41.【参考答案】C

【本题考点】考查助动词中表示样态的"そうだ"。

【答案解析】设问处在"おいし"的后面，即在一类形容词的词干后面，根据接续规则，只能选择选项C表示样态的"そうに"。选项A表示"推量，比喻，举例"，选项B表示"比喻，推量"，选项D表示"推量，典型特征"。

42.【参考答案】B

【本题考点】考查句型中表示禁止的"～といけない"。

【答案解析】设问处在"細かいお金しかないから（只有零碎的钱）"后面，说明前后句是因果关系，结合下文中的"お金を一枚ずつ数えながらそば屋の手の上に乗せていった（一边数着钱一边把钱放在面摊老板的手上）"，可知选项B"不可以弄错"是正确答案。选项A是"必须弄错"，选项C是"可以弄错"，选项D是"不弄错也可以"。

43.【参考答案】D

【本题考点】考查复合动词的"～続ける"。

【答案解析】设问处在"「十、十一、…十六。ごちそうさま！」（10、11……16。多谢款待！）"前面，说明是继续数下去，可知选项D"続け"是正确答案。选项A是"做完某事"，选项B是"（从事情的开端）开始做某事"，选项C是"重新做某事"。

44.【参考答案】A

【本题考点】考查形式名词中的"わけだ"。

【答案解析】设问句中的前面出现了"つまり（也就是说）"，构成"つまり～わけだ"的

句型，表示对前项男子做法的解释说明，可知选项A"わけだ"是正确答案。选项B是"应该，理应"，选项C是"（义务上）应该，必须"，选项D是"按，按照"。

45.【参考答案】B

【本题考点】考查形容词意思辨析。

【答案解析】设问处是对男子蒙混面摊老板做法的一个评价，根据后文"感心する（佩服）"这一词，表示对男子做法的一个正面评价，可知选项B"鮮やか（鲜艳；巧妙，精湛）"是正确答案。选项A是"热闹的"，选项C是"清爽的，爽利的"，选项D是"清澈的，纯洁的"。

46.【参考答案】A

【本题考点】考查补助动词"～てみる"。

【答案解析】设问处在"自分も真似して（自己也要模仿）"后面，结合下文中的"V意志+と決める（决定想要做）"，可知选项A"想要尝试"是正确答案。选项B是"～てくる（从远及近；从过去到现在；去去就回；现象从无到有地产生）"，选项C是"～ておく（提前做，放置不管）"，选项D是"～ている（正在做，状态持续）"。

47.【参考答案】D

【本题考点】考查名词中的固定搭配"声をかける"。

【答案解析】设问处在"見つけたそば屋の屋台に（向找到的荞麦面摊）"后面，结合下文中的"かける"，可知选项D"声をかける（搭讪，搭话，打招呼）"是正确答案。选项A是"身体"，选项B是"脸"，选项C是"声音（无生命）"。

48.【参考答案】B

【本题考点】考查对上下文的理解。

【答案解析】设问处在"褒めるところがひとつもないひどいそば屋だった（根本没有什么值得夸奖的地方，是一家很糟糕的面摊）"前面，再结合第一段中的"次々に褒めながら、おいしそうにそばを食べた（不停地夸奖店铺，看起来吃得津津有味）"，可知选项B"完全不一样"是正确答案。选项A是"完全一样"，选项C是"几乎不变"，选项D是"稍微不一样"。

49.【参考答案】C

【本题考点】考查副词意思辨析。

【答案解析】设问处在"無理やり褒めながら（一边不情愿地夸奖着）"的后面，说明要填的是表达相近语义的选项，可知选项C"想方设法，硬着头皮"是正确答案。选项A是"什么的"，选项B是"总觉得"，选项D是"总觉得"。

50.【参考答案】B

【本题考点】考查形式名词"～うえに"。

【答案解析】设问处在"与太郎はまずいそばを食べさせられた（与太郎吃了难吃的面）"

以及“四文も損をすることになったのだ（最后还亏了4文钱）”的中间，说明要填的是两句话之间的逻辑关系，可知选项B“而且”是正确答案。选项A是“在……方面，在……之后”，选项C是“在……期间”，选项D是“在……之间”。

第二节

51.【参考答案】で

　　【答案解析】考查助词“で”表示动作发生的场所的用法。前文的“福冈大赛”是表示地点的名词，接在其后提示“创造新纪录”的场所。

52.【参考答案】生まれ育っ

　　【答案解析】考查动词“て形”变形表示中顿。一类动词以“う”“つ”“る”结尾的动词“て形”变形是促音变。故答案为“生まれ育っ”。

53.【参考答案】送られ

　　【答案解析】考查一类动词被动态。前文有“9 歳で両親に”，再联系上下文，此处翻译为“被送往上海训练”。根据一类动词变形规则“词尾变成相对应あ段假名+れる”，故答案为“送られ”。

54.【参考答案】慣

　　【答案解析】考查单词“慣れる”的当用汉字。

55.【参考答案】すいえい

　　【答案解析】考查单词“水泳”的对应假名。

56.【参考答案】と

　　【答案解析】考查助词“と”表内容的用法。此处翻译为“覃海洋决定接下来要寻求变革”。构成“～と決める”，表示决定的具体内容。故答案为“と”。

57.【参考答案】新たな

　　【答案解析】考查二类形容词修饰名词的用法。“新た”是二类形容词，此处要求修饰后文的名词“トレーニング方法”，由于二类形容词修饰名词的规则为“二类形容词词干+な+名词”，故答案为“新たな”。

58.【参考答案】たく

　　【答案解析】考查一类形容词的否定形式。“たい”是一类形容词，由于一类形容词变形规则为“一类形容词词干+くない”，故答案为“たく”。

59.【参考答案】に

　　【答案解析】考查助词“に”表示着落点的用法，构成“～を身につける”的用法。翻译为“不能一直‘把这次比赛的金牌’挂在身上让它成为自己的负担”。故答案为“に”。

60.【参考答案】早

　　【答案解析】考查复合动词构词法。变形规则为“形容词词干+すぎる”，翻译为“太早了”。“早い”为一类形容词，故答案为“早”。

第四部分 写作

第一节 范文

美月様

拝啓

　寒い日が続いていますが、お元気ですか。

　私はもう無事に中国に帰りました。日本にいる間、暖かいおもてなしをいただき、ありがとうございました。ぜひ中国へ遊びに来てください。

　またお会いできる日を楽しみにしています。

敬具

2024年2月6日

李明

第二节 范文

言葉の大切さ

　言葉には力が宿ります。やさしい言葉は人々を励まし、元気づけます。

　私は小学校で掃除のボランティア活動に参加したことがあります。その学校では「ありがとうございます」という感謝の言葉が至る所で聞かれました。掃除をしていると、通りかかる子どもたちが皆、「きれいにしてくれてありがとう」と言ってくれました。その言葉を聞くと、心が温かくなりました。子どもたち同士が「ありがとう」「どういたしまして」と言い合う姿を見ると、温かい言葉が子どもたちの優しい気持ちを育むのだと感じました。

　人と人の心を結ぶものは、「ありがとう」や「がんばって」といった身近な言葉だと思います。そのような言葉を交わすことで、お互いが幸せになっていくと信じています。

新高考日语模拟卷（二）

第一部分　听力

1	2	3	4	5	6	7	8	9	10	11	12	13	14	15	16	17	18	19	20
C	A	B	A	C	A	B	C	B	C	A	C	B	A	C	C	B	C	A	B

第二部分　阅读

21	22	23	24	25	26	27	28	29	30	31	32	33	34	35	36	37	38	39	40
C	A	B	D	D	C	D	A	A	C	C	A	C	B	A	C	A	D	D	C

第三部分　语言运用

第一节

41	42	43	44	45	46	47	48	49	50
C	B	D	B	A	C	B	D	A	B

第二节

51	52	53	54	55
と	囲	に	叶えよ	避け

56	57	58	59	60
足り	多く	ちから	辛さ	を

听力原文

1.
女：父ちゃん、悪いけど、教科書ちょっと送ってくれる？

男：またかよ。数学？それとも国語。

女：いや、英語の教科書だよ。昨日徹夜して単語を覚えたから。

男：よく頑張ったな。でも体も大切だぞ。

2.
男：これは姉ちゃんの卒業写真だね。親友の花ちゃんはどこ？

女：真ん中にいるよ。

男：長い髪の子？

女：いいえ、短い髪の子だよ。一番前にいるよ。

3.

女：明日の映画、何時に始まりますか。

男：確か6時でしたね。でもチケットを取りに行くのも時間がかかりますが。

女：じゃ早めに入り口で会いましょう。

男：ええ。そうしましょう。

4.

女：皆さん、もうすぐ3組とのサッカーの試合が始まります。今、選手たちが着替えています。担任の先生が水を買いにいく途中ですが、重いですから、皆さんも手伝いましょう。

5.

女：遠足、どこで会うのがいいかな。

男：そうだね。駅は混んでいるけど、デパートの入り口は？

女：入り口は多すぎて、間違えやすいから、隣の本屋にしたら？

男：いいね。

6~8.

男：はい、桜自習室でございます。

女：すみませんが、鞄を教室に忘れました。

男：そうですか。教室の番号は？

女：305です。ご迷惑をかけて本当にすみません。

男：はい。ちょっと探しに行きます。…ありました。速達で送りますか？或いは取りに来ますか。

女：友達が今そこで自習していますので…

9~11.

男：先生、どうしよう。歯が痛くて…

女：口を開けてみて。あ、これが虫歯ですよ。よく甘いものを食べたでしょう。あ、腫れているところもけっこう多いわ。腫れが引いたらまた来て、歯を抜きましょう。

男：怖いですが、仕方がありません。いつ来ますか。

女：歯の様子を見ながら、多分二週間ぐらいかかりますよ。ただ、最近ここも忙しいので、予約できるかどうか分かりません。大した病気ではないですから、近くの病院にでも聞いてみてもいいですよ。では、薬を出します。お大事に。

12~14.

男：そろそろ高橋さんの誕生日だね。プレゼントを準備しておいたほうがいいだろう。

女：そうね。高橋さんはお茶が好きだから、緑茶やジャスミン茶にしたら？

男：でも、高橋さんは胃の調子が悪いから、やはり紅茶にしようか。美味しい紅茶を売ってる店、僕知ってるけど、ネットで注文してみたら？

女：いいね。せっかく鈴木くんが勧めてくれたから、私も一つ買うわ。

男：じゃ、僕も一つ注文する。ネットショッピングって、本当に便利だよね。

女：そうね。

15~17.

男：先輩、会議に使う資料のため、一緒に図書館に行きませんか。

女：わざわざ図書館まで行く必要がないわ。ネットでできるから。

男：ネットは便利ですね。子供の頃、コンピューターを使う人が多かったですが、今はノートパソコンですね。

女：ええ。それより、携帯でネットを使う人がもっと多いかもしれないわ。いつでも、どこでも手頃に使えるから。

男：そうですね。最近料金も安くなりましたね。技術のおかげで、我々の生活もますます便利になりましたね。

18~20.

女：皆様、車博物館へようこそ。ただいまより、皆様に車の燃料の歴史についてお話ししたいと思います。１８世紀ごろ、車の燃料は石炭でしたが、２０世紀の後半から石油を使う車がよく使われるようになりました。そのせいで、環境が汚染されたり、空気が悪くなったりすることがよくありました。今では、より環境にやさしい電力を使う車が人気を呼んでおります。今、多くの人々が環境のために努力しています。部屋を出る時に電気を消すなど、皆様の力でより綺麗な地球を作りましょう。

答案詳解

第一部分 听力

第一节

1.【参考答案】C

　【本题问题】男子要给女子送什么教科书？

　【答案解析】女：英語の教科書だよ。（英语教科书哦。）此题考查提取具体信息，故答案选C（英语）。

2.【参考答案】A

　【本题问题】小花是谁？

　【答案解析】女：真ん中にいるよ。（她在正中间哦。）女：短い髪の子だよ。一番前にいるよ。（她是短头发的，站在最前面的那里哦。）此题考查提取具体信息，故答案选A（站在最前面正中间的短头发的女孩子）。

3.【参考答案】B

　【本题问题】两人什么时候见面？

　【答案解析】男：確か６時でしたね。でもチケットを取りに行くのも時間がかかりますが。（我记得好像是6点来着。不过去拿票还要花点时间呢。）女：じゃ早めに入り口で会いましょう。（那我们早点在入口那里见面吧。）此题考查简单逻辑推断，因为电影6点开始，而为了取票需要提前到场，故两人相会时间早于6

点，故答案选B（5：48）。

4.【参考答案】A

【本题问题】大家接下来要干什么？

【答案解析】女：担任の先生が水を買いにいく途中ですが、重いですから、皆さんも手伝いましょう。（班主任现在在买水的途中，因为水很重，大家一起去帮忙吧。）此题考查提取具体信息，故答案选A（去搬水）。

5.【参考答案】C

【本题问题】两人在哪里见面？

【答案解析】女：隣の本屋にしたら？（在隔壁的书店见面如何？）男：いいね。（可以啊。）此题考查提取具体信息，故答案选C（在书店）。

第二节

6.【参考答案】A

【本题问题】女子为何要打电话？

【答案解析】女：すみませんが、鞄を教室に忘れました。（对不起，我把我的包忘在教室了。）此题考查提取具体信息，根据这句话，可以得知女子打电话的理由是把包忘在了樱花自习室里，故答案选A（把包落下了）。

7.【参考答案】B

【本题问题】教室的编号是多少号？

【答案解析】男：教室の番号は？（教室是几号？）女：３０５です。（305号房。）此题考查提取具体信息，根据这句话可以得知教室的编号是305，故答案选B（305号）。

8.【参考答案】C

【本题问题】自习室的人接下来要做什么？

【答案解析】男：はい。ちょっと探しに行きます。…ありました。速達で送りますか？或いは取りに来ますか？（好的，我这就去找一下……找到了，是我快递过去吗？还是你过来取一下？）女：友達が今そこで自習していますので…（我朋友现在正好在那边自习。）此处考查简单逻辑推断，根据这句话可以得知，女子想让男子将包送去朋友那里，因此男子接下来应该是去找女子的朋友，故答案选C（去找女子的朋友）。

9.【参考答案】B

【本题问题】男子为何去医院？

【答案解析】男：先生、どうしよう。歯が痛くて…（医生，这该如何是好啊。我牙疼……）此题考查提取具体信息，根据这句话，可以得知男子来医院的理由是牙疼，故答案选B（因为牙疼）。

10.【参考答案】C

【本题问题】男子什么时候再来一次这家医院？

【答案解析】女：歯の様子を見ながら、多分二週間ぐらいかかりますよ。ただ、最近ここ

も忙しいので、予約できるかどうか分かりません。（从牙齿的状态来看，要花两个星期左右吧。但是最近我们这儿也很忙，不清楚你是否能预约到。）此题考查简单逻辑推断，根据这句话，可以推断男子回到这家医院的时间无法确定，故答案选C（不知道）。

11.【参考答案】A

【本题问题】男子接下来要去一家怎么样的医院？

【答案解析】女：ただ、最近ここも忙しいので、予約できるかどうか分かりません。大した病気ではないですから、近くの病院にでも聞いてみてもいいですよ。（但是最近我们这儿也很忙，不清楚你是否能预约到。因为并不是很严重的病，所以你也可以去附近别的医院看一下。）此题考查简单逻辑判断，根据这句话，可以推测出男子接下来应去一家人少的医院，而且因为病得轻，对于医院的技术要求并不高，故答案选A（附近人少的医院）。

12.【参考答案】C

【本题问题】两人要送给高桥什么？

【答案解析】男：でも、高橋さんは胃の調子が悪いから、やはり紅茶にしようか。美味しい紅茶を売ってる店、僕知ってるけど、ネットで注文してみたら？（但是高桥他的胃好像不是很好，还是换成红茶吧。我知道哪里有卖好喝的红茶的店，要不要试着网上订购一下？）女：いいよ。（好啊。）此处考查提取具体信息，根据这两句话可以得知两人最后选择了红茶作为送给高桥的礼物，故答案选C（红茶）。

13.【参考答案】B

【本题问题】两人要买多少包茶？

【答案解析】女：せっかく鈴木くんが勧めてくれたから、私も一つ買うわ。（难得铃木你推荐给我，我也买一包吧。）男：じゃ、僕も一つ注文する。（那我也订购一包吧。）此题考查简单逻辑推断，已知前文两人讨论要送给高桥的礼物，因此高桥要有一份红茶，而男子与女子接着打算也各买一包给自己，因此两人一共打算买3包茶，故答案选B（3包）。

14.【参考答案】A

【本题问题】以下选项中正确的是哪一项？

【答案解析】男：そろそろ高橋さんの誕生日だね。（很快就要到高桥的生日了呢。）此题考查词汇的同义替换，"そろそろ"与"もうすぐ"同义，故答案选A（快要到高桥的生日了。）而对话中提到了"高橋さんは胃の調子が悪いから（因为高桥的胃不是很好）"与B相反，C则是全文未提及他们什么时候去买东西，因此C是不明确的，所以B、C不选。

15.【参考答案】C

【本题问题】据男子所述，他孩童时期用什么上网的人最多？

【答案解析】男：ネットは便利ですね。子供の頃、コンピューターを使う人が多かったですが、今はノートパソコンですね。（网络真是方便啊。小的时候还是用台式

电脑的人更多，现在是笔记本电脑更多了吧？）此题考查提取具体信息，答案选C（台式电脑）。

16.【参考答案】C

【本题问题】为什么能够使用互联网了？

【答案解析】男：技術のおかげで、我々の生活もますます便利になりましたね。（多亏了技術，我们的生活也变得更加便利了呢。）此题考查简单逻辑推断，通过这句话可知因为技术发展而使得生活更加便利，而使用互联网是让生活便利的一环，因此可以推断出是技术的发展使得使用互联网成为可能，故答案选C（因为技术的进步）。

17.【参考答案】B

【本题问题】两人在围绕什么来聊天的？

【答案解析】此题考查理解、归纳中心思想，由于两人对话中占据主要的内容与互联网有关，因此可以直接排除A（查资料的方法），A作为话题的源头，并不是主要的话题内容，而两人之所以将话题由查资料引到互联网上去，是因为使用网络会比去图书馆方便，突出了互联网的便利性，又因提及上网费用低，所以话题应是围绕互联网的好处展开的，而不是技术的进步，所以C（多亏了技术的进步）不选，故答案选B（互联网的好处）。

18.【参考答案】C

【本题问题】现在以什么为燃料的车最受欢迎？

【答案解析】女：今では、より環境にやさしい電力を使う車が人気を呼んでおります。（现在的话，人们对更环保的电力车更加热衷。）此题考查提取具体信息，根据这句话，可以知道电力车最受欢迎，故答案选C（电力）。

19.【参考答案】A

【本题问题】以煤炭为燃料的车是什么时候发明的？

【答案解析】女：18世紀ごろ、車の燃料は石炭でしたが。（18世纪的时候，车所使用的燃料是煤炭。）此题考查简单逻辑推断，根据这句话，18世纪的车是使用煤炭的，而煤炭作为燃料广为人们所使用，因此发明煤炭燃料车的时间不会早于使用煤炭作为燃料的时间，故煤炭燃料车发明时间为18世纪，故答案选A（18世纪）。

20.【参考答案】B

【本题问题】女子对于环境问题的看法是什么？

【答案解析】此题考查把握说话人的观点、态度，由于A选项中的"今の環境が美しいですが（虽然现在的环境很优美）"与事实不符合，因此A不选，而C中的"綺麗な地球を守るため、車を運転するのがよくない（为了保护美丽的地球，我们不应该开车）"不符合基本逻辑，也不符合作者的观点，所以C不选，在文中可以找到"皆様の力でより綺麗な地球を作りましょう（大家一起努力创造一个更美好的地球吧）"这句，此句既是发言者的提倡，也是发言者的观点，故答案选B（大家如果一起努力，就能创造出更美好的环境）。

（一）

原文	中文翻译
日本の漫画には、キャラクターのセリフ（台词）だけではなく、絵の中に「シーン」「ピカピカ」「ガーン」などさまざまな文字が書かれている。特に「シーン」は、周りが極めて静かな状態を表す言葉で、手塚治虫の『新世界ルルー』において初めて使われたと言われている。（ア　しかし）、音が聞こえないのに「シーン」と書かれるのは変ではないか。実際、「シーン」という音が耳に届くわけではないのだから。 　　日本語においては、周囲が音も聞こえないほど静かな状態を表すために、昔から「しいん」「しん」「しんしん」「しんかん」などの表現が使われてきた。「シーン」は「しいん」のことである。これらの表現がいずれも「しん」で共通していることだから、何か関係があるのかもしれない。 　　日本の漫画には、「シーン」以外にも物の音や声を表現する言葉や、ある状態を表す言葉がいっぱい利用されている。これらの表現は「オノマトペ」と呼ばれ、絵と組み合わせて強い印象を読者に与えることができる。画面全体に太い字で書かれたり、画面から食み出して（超出范围）書かれたりすることもあり、また、その文字は一般的に活字ではなく手書きである。 　　「オノマトペ」には、辞典に掲載されている「ドキドキ」「ザワザワ」「ワクワク」などの言葉もあれば、漫画家自ら考え出した辞典に載っていない新しくて面白い「オノマトペ」もあるが、漫画と一緒に見れば、どんな意味か何となくわかるだろう。次回漫画を読む時、ぜひ「オノマトペ」に注目してほしい。	日本的漫画里不仅有角色的台词，图上还有"シーン（安静的状态）""ピカピカ（闪闪发光的样子）""ガーン（受到冲击的声音）"等各式各样的文字。特别是"シーン"一词，据说首次出现是在手塚治虫的《新世界之路》中，用以表示周围极其安静的状态。然而，明明听不到声音，却写着"シーン"，是不是有些奇怪呢？因为实际上根本没听到"シーン"这样的声音。 　　在日语中，为了表达周围静悄悄，什么都听不见的状态，从古代开始就一直使用"しいん""しん""しんしん""しんかん"等表达。而"シーン"就是"しいん"的意思。因为这些词都包含"しん"，所以它们之间可能存在某种关联。 　　日本的漫画中除了"シーン"外，还有大量用来表达物体声音，以及描述特定状态的词语。这些表达被称为"拟声拟态词"，它们与图画结合可以给读者留下深刻的印象。它们有时是用粗体写在整个画框上，有时还会超出画框，并且通常是手写而不是印刷体。 　　除了像词典中收录的"ドキドキ（心扑通扑通跳的样子）""ザワザワ（窃窃私语的样子）""ワクワク（欢欣雀跃的样子）"等常见词外，还有许多漫画家自创的新颖有趣的"拟声拟态词"。虽然不在词典中，但如果和漫画一起看，就会大概理解其含义。在下次读漫画时，请务必留意这些"拟声拟态词"。

21.【参考答案】C

　　【本题问题】在文中（　ア　）的位置放入哪个词最合适？

　　【答案解析】本题考查对（　ア　）前后两句的句意理解。根据上文翻译，题目问的是以下

两句话的关系："シーン"一词，据说首次出现是在手塚治虫的《新世界之路》中，用以表示周围极其安静的状态。（然而），明明听不到声音，却写着"シーン"，是不是有些奇怪呢？前后两句为转折关系，故应填"但是"。由此可见，选项C正确。

22.【参考答案】A

　　【本题问题】文中提到了"奇怪"，这是为什么呢？

　　【答案解析】本题考查对第一段最后两句的句意理解。根据上文翻译，题目问的是：明明听不到声音却写着"シーン"，感觉很奇怪的原因。答案在后句，即"因为实际上根本没听到'シーン'这样的声音"。由此可见，选项A正确。

23.【参考答案】B

　　【本题问题】文中的"拟声拟态词"指代的内容是哪一项？

　　【答案解析】本题考查对第三段前两句的句意理解。根据上文翻译，题目问的是："拟声拟态词"的含义。答案在第三段首句，即"用来表达物体声音，以及描述特定状态的词语"。由此可见，选项B正确。

24.【参考答案】D

　　【本题问题】"漫画家自创的"拟声拟态词是哪一项？

　　【答案解析】本题考查对第四段首句的句意理解和语篇外的日语词汇知识。根据上文翻译，题目问的是：词典中没有收录的拟声拟态词。第四段首句中写道"词典中收录了'ドキドキ（心扑通扑通跳的样子）''ザワザワ（窃窃私语的样子）''ワクワク（欢欣雀跃的样子）'"。由此可见，选项D正确。

25.【参考答案】D

　　【本题问题】不符合文章内容的是哪一项？

　　【答案解析】本题考查对文章第二段前两句，第三段尾句和第四段首句的句意理解。根据上文翻译，题目问的是：不符合文章内容的句子。第四段首句写道"虽然有些拟声拟态词不在词典中，但如果和漫画一起看，就会大概理解其含义"，而选项D是"词典未收录的拟声拟态词是很难理解的"，由此可见，选项D正确。

（二）

原文	中文翻译
くまモンは、２０１１年３月１２日に九州新幹線が開業した時、熊本県を広く知ってもらうために生まれたキャラクターである。熊本弁で「熊本の人」を表す「熊本者（くまともん）」から、「くまモン」という名前がつけられた。また、「〇〇だモン！」というフレーズ（句子）と絡めて（使关联）かわいいイメージが広がった。デザイナーの水野学さんが熊本城の主な色である黒と、萌え系のイメージによく使われる赤い頬っぺた（脸颊）を組み合わせて、くまモンをデザインした。	熊本熊是2011年3月12日九州新干线开始运营时诞生的吉祥物，旨在让更多人知道熊本县。熊本方言中称熊本人为"熊本者"，因此取名为"熊本熊"。同时结合了"就是因为……嘛！"这样的短语,使其形象更加可爱。设计师水野学将熊本城的主色黑色与萌系形象中常用的红色脸颊相结合，设计出了熊本熊。

最初は「顔が怖い」とか、「熊本には熊がいないのに」といった声もあったが、熊本を日本に広めるためにくまモンが日本中を訪れ、様々なイベントに参加することで、徐々に愛される存在となり、熊本ももちろん日本全国で人気を博した。その後、２０１６年４月に熊本大地震が発生し、多くの人々が亡くなり、住所を失った。その時、くまモンが熊本の人々の心の支えとなった。熊本を（ア 応援）する活動に使う場合は、県に届け出る（申報）だけで、くまモンの絵がすぐ利用できるようになった。また、くまモン自身もいろいろな応援イベントに出席し、熊本を元気にするために一生懸命頑張った。 　現在でも、くまモンは止まることなく、熊本だけでなく日本各地や海外にも足を運び、応援活動を続けている。	熊本熊刚诞生时，也有"脸好可怕""熊本县明明没有熊"之类的声音。但是为了宣传熊本县，熊本熊访问了日本各地，参加了各种各样的活动后，逐渐受人喜欢，熊本县自然也随之变得有名。在那之后，2016 年 4 月发生了熊本大地震,很多人丧生,失去家园。那时,熊本熊成了熊本人的精神支柱。只要是用于支援熊本县的活动，向县里申报后就能立即使用熊本熊的形象。另外，熊本熊也积极参与各种应援活动，努力让熊本县恢复活力。 　即使是现在,熊本熊也没有止步,不仅在熊本县活跃，还不断前往日本各地和国外参加支援救助活动。

26.【参考答案】C

　　【本题问题】熊本熊这个名字是从何而来？

　　【答案解析】本题考查对第一段第2句的句意理解。根据上文翻译，题目问的是：熊本熊名字的由来。答案在第一段第2句，即"熊本方言中称熊本人为'熊本者'，因此取名为'熊本熊'"，故应是"熊本者"。由此可见，选项C正确。

27.【参考答案】D

　　【本题问题】文中提到了"设计"，熊本熊是怎样被设计出来？

　　【答案解析】本题考查对第一段尾句的句意理解。根据上文翻译，题目问的是：熊本熊的设计方式。答案在第一段尾句，即"设计师水野学将熊本城的主色黑色与萌系形象中常用的红色脸颊相结合，设计出了熊本熊"，故应是"把黑色和红脸颊组合"。由此可见，选项D正确。

28.【参考答案】A

　　【本题问题】在文中（　ア　）的位置放入哪个词最合适？

　　【答案解析】本题考查对（　ア　）前后两句的句意理解。根据上文翻译，题目问的是：那时，熊本熊成了熊本人的精神支柱。只要是用于（支援）熊本县的活动，向县里申报后就能立即使用熊本熊的形象。故应是"支援"。由此可见，选项A正确。

29.【参考答案】A

　　【本题问题】对于熊本人来说，熊本熊是怎样的？

　　【答案解析】本题考查对全文的理解。根据上文翻译，题目问的是：熊本人对熊本熊的态度。由"熊本熊成了熊本人的精神支柱""熊本熊努力让熊本县恢复活力"等

描述可知，应是"让熊本县充满活力的存在"。由此可见，选项A正确。

30.【参考答案】C

　　【本题问题】符合文章内容的是哪一项？

　　【答案解析】本题考查对第二、三段内容的理解。根据上文翻译，题目问的是：符合文章内容的句子。文章第二段首句后半部分写道"熊本熊逐渐受人喜爱，熊本县自然也随之变得有名"，即"因为熊本熊，熊本县变得有名了"。由此可见，选项C正确。

（三）

原文	中文翻译
一つの国の中でも、地域によって文化が異なります。その違いは自分の地域に対する誇りや他の地域に対する競争心として現れます。アメリカやそして日本でも同じです。例えばアメリカでは北部と南部、または東海岸と西海岸などに<u>文化の地域差</u>があります。日本でも、関東（東京周辺）と関西（大阪周辺）の（ア　食文化）が違います。 　　その中で、最も代表的なのは「出汁」（高湯）でしょう。今はどちらも広く使われていますが、昔は関西では昆布出汁が中心で、関東ではかつお出汁が一般的でした。昆布は北の冷たい海で育つ海藻です。昔は北海道で取れた昆布が日本海を渡り、現在の福井県に運ばれ、最終的には陸路で京都まで運ばれました。<u>それ</u>によって、京都では昆布から取った出汁を使った京料理が発展し、昆布出汁の<u>まろやかな味わい</u>がその特徴です。 　　一方、かつおは太平洋で取れる魚で、その身を加工したかつお節（鰹魚干）が太平洋側で作られるようになり、江戸で広まっていきました。かつお出汁は昆布出汁より風味が強いです。現在、全日本では昆布とかつお節を組み合わせた「合わせ出汁」が広く使われています。	即使在同一个国家，不同地区也有着不同的文化。这种差异体现为对本地区的自豪感和对其他地区的竞争意识。美国和日本都不例外。例如，在美国，南部和北部，东海岸和西海岸等地都存在着文化差异。而在日本，东京周边的关东和大阪周边的关西的饮食文化也各不相同。 　　其中，最具代表性的是"高汤"。尽管现在海带高汤和鲣鱼高汤都被广泛使用，但过去，关西地区主要使用海带高汤，而关东地区通常使用鲣鱼高汤。海带是生长在北方寒冷海域的海藻。以前，在北海道收获的海带会通过日本海运输到现在的福井县，最后通过陆路运输到京都。因此，京都发展出了使用海带高汤的京料理，而海带高汤的特色便是味道温和。 　　另一方面，鲣鱼是在太平洋捕捞的鱼，在太平洋一侧（指日本东海岸）逐渐开始制作鲣鱼干，并在江户一带深受欢迎。鲣鱼高汤的味道比海带高汤更浓烈。现在，全日本普遍使用海带和鲣鱼混合制成的"组合高汤"。

31.【参考答案】C

　　【本题问题】文中提到"文化的地域差异"，以下哪一项不是例子？

　　【答案解析】本题考查对第一段第4~5句的句意理解。根据上文翻译，题目问的是：未被列举说明文化的地域差异的选项。第一段写道"在美国，南部和北部，东海岸和

西海岸等地都存在着文化差异。而在日本，东京周边的关东和大阪周边的关西的饮食文化也各不相同"，故应是"日本的北部和南部"。由此可见，选项C正确。

32.【参考答案】A

　　【本题问题】在文中（ ア ）的位置放入哪个词最合适？

　　【答案解析】本题考查对第一段尾句和第二段首句的句意理解。根据上文翻译，题目问的是：在日本，东京周边的关东和大阪周边的关西的（饮食文化）也各不相同。其中，最具代表性的是"高汤"。故（ ア ）应填"饮食文化"。由此可见，选项A正确。

33.【参考答案】C

　　【本题问题】文中的"那个"指代的内容是哪一项？

　　【答案解析】本题考查对第二段结尾两句的句意理解。根据上文翻译，题目问的是：以前，在北海道收获的海带会通过日本海运输到现在的福井县，最后通过陆路运输到京都。因此，京都发展出了使用海带高汤的京料理。"那个"代指前文"北海道捕捞的海带最后被运到京都"，故选项C正确。

34.【参考答案】B

　　【本题问题】文中的"温和的味道"是什么意思？

　　【答案解析】本题考查对第三段第2句的句意理解。根据上文翻译，题目问的是：海带高汤的特征。第三段第2句写道"鲣鱼高汤的味道比海带高汤更浓烈"，故海带高汤的特征是味道温和。由此可见，选项B正确。

35.【参考答案】A

　　【本题问题】文章最想表达的内容是哪一项？

　　【答案解析】本题考查对全文内容的理解，即文章的主旨。根据原文，不难找到"日本也有海带高汤和鲣鱼高汤等文化上的地域差异"。由此可见，选项A正确。

（四）

原文	中文翻译
私の父の口癖は「善悪・目標・感謝」である。この六文字はそれほど珍しい言葉ではなく、むしろ広く知られた言葉であるが、私たちはこの当たり前のことがなかなかできなかった。逆にできなくても、当然だとさえ思ったこともあった。 　（ア　しかし）、父が根気よく何度も言ってくれたおかげで、その言葉には深い重みがあることが分かった。高校生の私がこんなことを言うのは変かもしれないが、今の少年犯罪が増えているの	我父亲的口头禅是"善恶、目标、感谢"。这六个字并不算特别，甚至可以说是广为人知的词语，但我们却很难做到。相反，我甚至觉得无法做到才是理所当然的。 　然而，在父亲耐心地叮嘱下，我理解了这句话的深意。作为一个高中生，说出这样的话或许有些奇怪，但我认为，现在青少年犯罪增加的原因

は、この「善悪・目標・感謝」を欠如しているからではないかと考えている。犯罪に手を染めた少年は、まず善悪の判断ができず、それに加え、目標を完全に見失い、更に周りの人への感謝の気持ちも薄かった。言うまでもなく、これらをすべて当てはめる（适用）ことはできないが、ほとんどの場合、これらが足りなかったのである。 当然、私自身も欠陥だらけの人間であるが、少なくともこれらの言葉を「意識」として常に心にとどめておきたいと思っている。現在、学業の都合で、姉と共に二人で生活している。親元を離れてみてはじめて理解できたのは、両親の温かさ、ありがたさ、そして愛情の深さである。	之一，就是缺乏"善恶、目标、感谢"这样的原则。走上犯罪道路的青少年，首先无法辨别善恶，加之完全迷失了目标，对身边人的感激之情也很淡薄。当然，并不是所有情况都是如此，但大多数情况下，上述的原则都是欠缺的。 当然，我自己也是一个满身缺点的人，但至少我想把这些话作为"意识"常驻心间。现在因为学业的关系，我和姐姐一起生活。离开父母之后，我才第一次理解了父母的温暖与可贵以及深深的爱。

36.【参考答案】C

　　【本题问题】文中的"善恶、目标、感谢"对于作者来说意味着什么？

　　【答案解析】本题考查对第一段和第二段首句的句意理解。根据上文翻译，题目问的是：作者对于"善恶、目标、感谢"的态度。第二段首句写道"在父亲耐心地叮嘱下，我理解了这句话的深意"，故应是"从父亲那里学到的宝贵教训"。由此可见，选项C正确。

37.【参考答案】A

　　【本题问题】在文中（　ア　）的位置放入哪个词最合适？

　　【答案解析】本题考查对（　ア　）前后两句的句意理解。根据上文翻译，题目问的是：相反，我甚至觉得无法做到也是理所当然的。（然而）在父亲耐心地叮嘱下，我理解了这句话的深意。前后两句是转折关系，故（　ア　）应填"但是"。由此可见，选项A正确。

38.【参考答案】D

　　【本题问题】文中未提及当前青少年犯罪增加的原因是哪一项？

　　【答案解析】本题考查对第二段第3句的句意理解。根据上文翻译，题目问的是：哪项不是青少年犯罪增加的原因。第二段第3句写道"走上犯罪道路的青少年，首先无法辨别善恶，加之完全迷失了目标，对身边人的感激之情也很淡薄"。故没提到的原因是"缺失幸福的家庭"。由此可见，选项D正确。

39.【参考答案】D

　　【本题问题】未来作者最有可能成为什么样的人？

　　【答案解析】本题考查对全文的理解。根据上文翻译，题目问的是：作者最有可能成为的人的类型。全文多处写道"作者理解了父亲口头禅中感恩的重要""作者离开父母后懂得了感恩父母"，故作者最有可能成为有很强感恩之心的人。由此可

见，选项D正确。

40.【参考答案】C

　　【本题问题】从文章中可以得出的结论是哪一项？

　　【答案解析】本题考查对全文的理解。根据上文翻译，题目问的是：说法正确的一项。文章最后一句话写道"离开父母之后，我才第一次理解了父母的温暖与可贵以及深深的爱"，由此可见，选项C正确。

第三部分　语言运用

第一节

原文	中文翻译
ただ自分の利益を考える私にとって、人や環境のために、お金を出すことが納得できません。そんな私と対照的に、母は「お金を払っても41かまわないので、何かの役に立ちたい」と考える人です。母はボランティア活動42に対して、深い関心を持って、交通費や参加料などを使っても、積極的にボランティア活動に参加します。 　　どうして母は他人のためにたくさんのお金をかけるのか。私は43気になって聞いてみました。「役に立つことからの達成感と満足感が得られるから、自分のために使っているのと44変わらない。」と答えました。「あなたも他人のために、お金で何かできたときの喜びを体験してみたら。」と言われました。 　　45こうして、私は参加費つき（需要支付参加费用）のゴミ拾いボランティア活動に参加して46みました。 　　５００円の参加費でゴミ袋をもらって、拾ったゴミをそこに入れて、ゴミ袋を案内所まで届けると、47その５００円でゴミを処理してくれます。 　　汚いゴミがたまっていたところがきれいになった様子、仲良くなった参加者たちの姿を見ると、他人や環境のために、お金を使った時の達成感と満足感も得られました。 　　私にとって、ゴミを拾った喜びや参加者とのコミュニケーションなど、何よりも大切な体験だと思います。これは一瞬の満足感48だけで終わった買い物と比べものにならないぐらい49価値があると思います。	对于仅仅考虑自身利益的我来说，为了他人或（保护）环境而花钱这件事，是无法理解的。相反，母亲是那种认为"为了帮助别人，花钱也41没关系"的人。她42对志愿者活动充满兴趣，即使需要支付交通费和活动费，她也会积极参与。 　　为什么母亲愿意为了他人花费大量的金钱呢？我很43在意，于是试着问了她。她回答说："因为能够从帮助别人当中获得成就感和满足感，这和为自己花钱是44一样的。"她还对我说："你也尝试一下为他人花钱，然后体验一下由此带来的喜悦吧。" 　　45这样一来，我46尝试付费参加了垃圾清理志愿者活动。 　　缴纳500日元的费用，我拿到垃圾袋，捡拾垃圾并将其装入袋子，然后送至指定地点，47那500日元用于处理垃圾。 　　看到原本堆着垃圾的地方变得整洁的样子，看着参与者们关系变得越来越好，我也感受到了为他人或环境付出金钱所带来的成就感和满足感。 　　对我来说，捡拾垃圾所带来的喜悦和其他参与者的互动，有着和买东西带来的48仅仅一瞬间的满足感无法相比的49价值。

ボランティア活動を通じて、母が話したことも理解し、受け入れる 50 ようになりました。	通过志愿者活动，我也开始 50 变得理解并认同母亲的话了。

41.【参考答案】C

【本题考点】语境题，填入与文章情节相符合的内容。

【答案解析】结合后文"母は交通費や参加料などを使っても、積極的にボランティア活動に参加します"这一句，可知妈妈是一个哪怕需要支付金钱，也会积极参加志愿者活动的人。由此可知，选项C"没关系"是正确答案。选项A是"不接受"，选项B是"不客气"，选项D是"得不到"。

42.【参考答案】B

【本题考点】考查固定句型"～に対して"。

【答案解析】结合前后文，句子翻译为"她对志愿者活动充满兴趣"，说明要填的是固定句型"对于……"，可知选项B是正确答案。选项A是"当……之际"，选项C是"根据……"，选项D是"随着……，按照……"。

43.【参考答案】D

【本题考点】语境题，填入与文章情节相符合的内容。

【答案解析】结合前后文，句子翻译为"我很在意，于是试着问了她"。可知选项D是正确答案。选项A是"用心，留神"，选项B是"留神"，选项C是"喜欢"。

44.【参考答案】B

【本题考点】语境题，填入与文章情节相符合的内容。

【答案解析】结合前文"役に立つことからの達成感と満足感が得られるから"，说明妈妈认为参加志愿者活动能够为他人做贡献，可以得到成就感和满足感，而这一行为与将金钱花在自己身上是没有区别的。由此可知，选项B是正确答案。选项A是"不同"，选项C是"明白"，选项D是"不明白"。

45.【参考答案】A

【本题考点】考查接续词"こうして"，表示承接前项，说明结果。

【答案解析】结合前文"「あなたも他人のために、お金で何かできたときの喜びを体験してみたら。」と言われました"这一句，以及结合后文"私は参加費つきのゴミ拾いボランティア活動に参加してみました"这一句，说明是在妈妈的劝说下，"我"尝试去参加了志愿者活动，可知选项A是正确答案。选项B是表示说明、解释，选项C是并列关系，选项D是转折关系。

46.【参考答案】C

【本题考点】考查补助动词"～てみる"。

【答案解析】结合前文"「あなたも他人のために、お金で何かできたときの喜びを体験してみたら。」と言われました"这一句，说明"我"是在妈妈的劝说下，尝试去参加了志愿者活动，可知选项C是正确答案。选项A表示"事先做好某种准

备或临时处置"，选项B表示别人为我或我一方的人做某事，选项D表示我或
我一方的人为别人，或别人为别人做某事。

47.【参考答案】B

【本题考点】考查指示代词"その"。

【答案解析】设问处中的500日元指的是前文"５００円の参加費でゴミ袋をもらって"中所
提到的500日元，说明是指代前文，可知选项B是正确答案。选项A大多表示后
文将要讲到的内容，选项C表示回忆双方都知道的事情，选项D表示疑问。

48.【参考答案】D

【本题考点】考查副助词"だけ"，表示限定。

【答案解析】结合前后文，句子翻译为"对我来说，捡拾垃圾所带来的喜悦和与其他参与者
的交流，有着和买东西带来的仅仅一瞬间的满足感无法相比的价值"，说明要
表示的是这种满足感仅仅只有一瞬间，可知选项D是正确答案。选项A表示举
出极端事例，选项B表示等量反复、等量分配，选项C强调确定语气。

49.【参考答案】A

【本题考点】语境题，填入与文章情节相符合的内容。

【答案解析】结合前文"これは一瞬の満足感だけで終わった買い物と比べものにならな
い"可知设问处需要填写的是购物与参加志愿者活动无法相比的价值，可知
选项A"価値"是正确答案。选项B是"意识"，选项C是"意见"，选项D是
"影响"。

50.【参考答案】B

【本题考点】考查固定句型"～ようになりました"。

【答案解析】结合前后文，句子翻译为"通过志愿者活动，我也开始变得理解并认同母亲的
话了"，说明要填的是固定句型"变得……"，表示"我"的变化，可知选项
B是正确答案。选项A表示说明事物的结构、功能、状态，选项C表示已经形
成某种常规性的做法，选项D表示说话人尽力做某事。

第二节

51.【参考答案】と

【答案解析】考查助词"と"表示引用内容的用法。后文的"聞いた"提示需要"と"构成
"～と聞いた"，表"听说……"。

52.【参考答案】囲

【答案解析】考查单词"囲む"的当用汉字。

53.【参考答案】に

【答案解析】考查助词"に"表示累加的用法。后文的"加える"提示需要"に"构成
"～に～を加える"，表示"在……添加……"。

54.【参考答案】叶えよ

　　【答案解析】考查动词的意志形。后文的"～うとしたら"提示动词变为意志形。由于"叶える"是二类动词，二类动词的意志形变形规则为"る"变成"よう"，故答案为"叶えよ"。

55.【参考答案】避け

　　【答案解析】考查动词的"て形"。由于"避ける"是二类动词，二类动词的"て形"变形规则为"る"变成"て"，故答案为"避け"。

56.【参考答案】足り

　　【答案解析】考查动词的否定形式。由于"足りる"是二类动词，二类动词的"ない形"变形规则为"る"变成"ない"，故答案为"足り"。

57.【参考答案】多く

　　【答案解析】考查一类形容词名词化。后文的"の"提示需要将"多い"变成名词，故将"多い"词尾的"い"变成"く"，构成名词"多く"。

58.【参考答案】ちから

　　【答案解析】考查单词"力"的对应假名。

59.【参考答案】辛さ

　　【答案解析】考查一类形容词名词化。后文的"～を感じる"提示需要将"辛い"变成名词，表示程度。故将"辛い"词尾的"い"变为"さ"，构成名词"辛さ"。

60.【参考答案】を

　　【答案解析】考查助词"を"提示宾语的用法。后文的"知り"，动词基本形是"知る"，是他动词，故助词须为"を"。

第四部分　写作

第一节　范文

佐	藤	さ	ん																
	い	つ	も	佐	藤	さ	ん	が	中	国	の	伝	統	的	な	節	句	に	興	味	が	あ	る	と
聞	い	て	い	ま	す	が	、	明	日	は	中	国	の	中	秋	節	で	、	も	し	よ	か	っ	た
ら	、	私	の	家	族	と	一	緒	に	中	秋	節	を	過	ご	し	て	み	て	は	い	か	が	で
し	ょ	う	か	。	ぜ	ひ	、	中	国	の	中	秋	節	の	魅	力	を	楽	し	ん	で	ほ	し	い
で	す	。																	
	2024	年	9	月	16	日													
																		李	明

第二节　范文

　　　　　　　　　　　親の仕事

　　私の母は二十年以上も病院の受付の仕事をしています。
　　受付の仕事内容は、お会計をしたり、処方せんを渡したりすることだそうです。簡単そうに聞こえますが、丁寧に扱わないと大変なことになると母が言っていました。 100
最初、母は仕事に慣れていない時、患者さんを長い時間待たせてしまったり、お会計を間違えてしまったりして、失敗もたくさんしたそうです。しかし、患者さんに「ありがとう」などの言葉を言ってもらえると嬉しくなると 200
母が言ってくれました。
　　母の仕事から病院の受付でも大変だということが分かりました。仕事内容が自分に合っていて働きやすいと笑顔で話していた母の姿を見て、私は母の仕事のやりがい 300
を感じてきました。私も将来の夢のために努力しなければなりません。

新高考日语模拟卷（三）

答案速览

第一部分　听力

1	2	3	4	5	6	7	8	9	10	11	12	13	14	15	16	17	18	19	20
A	A	B	C	B	A	B	B	A	C	B	B	C	B	A	C	C	A	C	B

第二部分　阅读

21	22	23	24	25	26	27	28	29	30	31	32	33	34	35	36	37	38	39	40
C	B	A	D	C	D	B	A	C	A	A	C	D	B	B	B	C	D	B	A

第三部分　语言运用

第一节

41	42	43	44	45	46	47	48	49	50
A	C	D	B	A	B	A	C	A	B

第二节

51	52	53	54	55
ほど	喜	比べ	見	に
56	**57**	**58**	**59**	**60**
考え	追い求め	さが	で	速く

听力原文

1.
女：土曜日のパーティーに誰が来るの。
男：伊藤さんと息子の翔君、あと理恵ちゃんと理恵ちゃんの旦那さん。
女：4人だね。分かった。食べ物を準備しておくわ。

2.
女：あのう、すみません。市立図書館に行きたいんですが…
男：市立図書館ですか。この道をまっすぐ行くと、その突き当りにすぐ見えます。
女：分かりました。ありがとうございました。

3.

男：やばい。家に忘れちゃった。それ、一本借りてもいい？

女：いいよ。どうぞ。

男：ありがとう。助かった。

4.

女：武君は数学が得意だね。どうやって勉強しているの。いっぱい数式を暗記したの。

男：いいえ、暗記するより練習するほうが大事です。ほかの人に説明できるようになるまで
　　練習するのが私のやり方です。

女：いいね。私もやってみよう。

5.

男：最近、ある大学の学生を対象に憧れる仕事についてアンケートを行いました。そこで、
　　どんな仕事が一番人気があるかを調べてみました。その結果によると、男子の中で警察官
　　が一番人気だそうです。そして、女子は教師が一番好きだということが分かりました。

6〜8.

男：来週日本へ行くことになったんだ。お土産は何がいいかな。

女：そうですね。私はよくお茶をお土産に持ってきますが…

男：でも、この前中国へ出張に行った時もお茶だったから。

女：そうですか。じゃあ、お菓子はどうですか。日本のお菓子は有名だし、最近果物の味の
　　お菓子もたくさん出て人気ですから。

男：あ、いいね。そうしよう。

9〜11.

女：はい、毎度ありがとうございます。中華レストランでございます。

男：あのう、予約をお願いしたいんですが。

女：かしこまりました。何日のご予約でしょうか。

男：今度の金曜日、ええと、7月24日です。

女：24日ですね。お時間は？

男：7時です。

女：かしこまりました。あのう、人数とお名前をお願いします。

男：9人です。名前は李です。

女：それでは、ご予約の内容を繰り返させていただきます。李さま、7月24日金曜日午後
　　7時から、9名さままでの予約ですね。私、鈴木が承りました。

男：はい、お願いします。では、失礼します。

12〜14.

男：今日もまた遅刻か。いったいどういうつもりなんだ。

女：申し訳ございません。事故があって、JRが遅れたもので…

男：そんなにしょっちゅうJRで事故があるわけがないだろう。

女：申し訳ございません。実は、最近アルバイトをしすぎて、寝不足になってしまい…

男：それはよくないよ。学生はやっぱり勉強が大事だ。しかも、嘘はだめだよ。

女：分かりました。本当に申し訳ございません。

15~17.

男：すみません、これを中国に送りたいのですが…

女：中身は何でしょうか。

男：中国人の友達へのプレゼントです。開けてみても構いません。

女：じゃ、開けてみます。二着ですね。

男：そうです。

女：どうやって送りますか。

男：そんなに急がなくてもいいから、船便でお願いします。

女：船便は３０００円で、３週間ぐらいかかります。

男：はい。お願いします。

18~20.

女：各世代を対象に旅行数の比較研究調査によると、一人当たりの平均旅行数が多いのは、２０代に次いで６０代です。２０代は若いうちにいろいろ旅行をしたい気持ちがよく分かりますが、子供たちも手を離れて自分の時間を取れた６０代の旅行意欲も感じられます。７０代以上になるとその数は大きく減っていることも分かりました。その理由として挙げられるのが、主に「体の病気や怪我への心配」、特に「長距離歩けない不安」などです。

答案详解

第一节

1.【参考答案】A

　　【本题问题】周六的聚会有多少人会来？

　　【答案解析】女：４人だね。（4个人对吧。）故答案选A（4人）。

2.【参考答案】A

　　【本题问题】女子要去哪里？

　　【答案解析】女：市立図書館に行きたいんですが。（我想去市立图书馆。）故答案选A（图书馆）。

3.【参考答案】B

　　【本题问题】男子借了什么？

　　【答案解析】男：それ、一本借りてもいい？（可以借一支吗？）根据简单的逻辑推断，三个选项中只有钢笔用数量词"本"，故答案选B（钢笔）。

4.【参考答案】C

　　【本题问题】男子是如何学习数学的？

【答案解析】男：ほかの人に説明できるようになるまで練習するのが私のやり方です。（我的学习方法是做到能够向其他人讲清楚这道数学题为止。）故答案选C（向他人说明）。

5.【参考答案】B

【本题问题】男子谈论的是关于什么的内容？

【答案解析】男：最近、ある大学の学生を対象にあこがれる仕事についてアンケートを行いました。（最近，我们以某大学的大学生为对象进行了关于向往的工作的问卷调查。）此题考查同义转换，原文"ある大学の学生を対象に憧れる仕事についてアンケート"与选项B"大学生向けの人気がある仕事の調査"同义，故答案选B（受大学生欢迎的工作的调查）。

第二节

6.【参考答案】A

【本题问题】男子下周要去哪里？

【答案解析】男：来週日本へ行くことになったんだ。（下周我要去日本。）根据这句话，可以直接判断男子要去日本，故答案选A（日本）。

7.【参考答案】B

【本题问题】女子经常买什么特产？

【答案解析】女：私はよくお茶をお土産に持ってきますが…（我经常把茶作为特产带回来……）根据这句话，可以迅速提取出信息：女子经常把茶作为特产首选，故答案选B（茶叶）。

8.【参考答案】B

【本题问题】女子为什么说买和式点心比较好？

【答案解析】女：日本のお菓子は有名だし、最近果物の味のお菓子もたくさん出て人気ですから。（日本的点心很有名，而且最近还出了很多水果味的点心，特别受欢迎。）这句话与选项B"日本のお菓子が有名だから"相符，故答案选B（日本的点心很有名）。

9.【参考答案】A

【本题问题】打电话预约餐厅的是谁？

【答案解析】女：あのう、人数とお名前をお願いします。（不好意思，请问几位，您贵姓？）男：9人です。名前は李です。（9人，我姓李。）根据这句话可以知道打电话预约的人是小李，故答案选A（小李）。

10.【参考答案】C

【本题问题】男子预约了什么时候的席位？

【答案解析】女：李さま、7月24日金曜日午後7時から、9名さまでの予約ですね。（李先生，我跟您再次确认，您预约的是7月24日周五下午7点，9位客人用餐。）根据这句话，可以得知预约的是7月24日下午7点，故答案选C（7月24日7点）。

11.【参考答案】B

【本题问题】来店的人是几位？

【答案解析】女：李さま、7月24日金曜日午後7時から、9名さまでの予約ですね。
（李先生，我跟您再次确认，您预约的是7月24日周五下午7点，9位客人用
餐。）根据这句话，可以得知预约了9位客人用餐，故答案选B（9名）。

12.【参考答案】B

【本题问题】男子为什么生气？

【答案解析】男：そんなにしょっちゅうJRで事故があるわけがないだろう。（JR不可能
总那么出事故吧。）此题考查逻辑推断能力，根据这句话，可推断出女子曾经
也以JR出事故作为迟到的借口，故答案选B（女子经常迟到）。

13.【参考答案】C

【本题问题】两人现在在哪里？

【答案解析】男：学生はやっぱり勉強が大事だ。（学生还是要以学习为重。）根据这句
话，可以推断男子是老师的立场，而女子是学生，由此推断该场景的发生地在
学校，故答案选C（学校）。

14.【参考答案】B

【本题问题】根据男子的话，女子接下来最好怎么做？

【答案解析】男：それはよくないよ。学生はやっぱり勉強が大事だ。しかも、嘘はだめだ
よ。（只顾打工那可不行，学生还是要以学习为重，而且撒谎也不行哦。）根
据这句话可以得知男子并未让女子辞掉兼职，只是劝告其更专注于学习，不要
撒谎。故答案选B（更加专心学习）。

15.【参考答案】A

【本题问题】男子想给中国朋友送什么礼物？

【答案解析】女：二着ですね。（是2套对吧？）男：そうです。（是的。）根据这两句
话，可以推断出这份礼物是着装类的物品，综合三个选项，可排除“お菓子
（点心）”和“お茶（茶叶）”，故答案选A（和服）。

16.【参考答案】C

【本题问题】男子为什么选船运寄送？

【答案解析】男．そんなに急がなくてもいいから、船便でお願いします。（不用那么着急
也可以，所以请您帮我用船运寄送。）此题考查同义转换，原文“急がなくて
もいい”与选项C“時間の余裕がある（时间上比较宽裕）”同义，故答案选
C（时间比较充裕）。

17.【参考答案】C

【本题问题】寄到中国要花多长时间？

【答案解析】女：3週間ぐらいかかります。（大约要花费3周。）故答案选C（3周）。

18.【参考答案】A

【本题问题】根据研究调查，每个人平均旅行次数最多的是哪个年龄段的人？

【答案解析】女：各世代を対象に旅行数の比較研究調査によると、一人当たりの平均旅行数が多いのは、２０代に次いで６０代です。（以各个年龄段为对象进行的旅行次数的比较研究调查显示，每个人旅行平均次数最多的是20多岁的人，其次是60多岁的人。）根据这句话，可以得知每个人平均旅行次数最多的是20多岁的人，故答案选A（20多岁的人）。

19.【参考答案】C

【本题问题】在以下人群中，经常去旅行的是哪个人群？

【答案解析】女：各世代を対象に旅行数の比較研究調査によると、一人当たりの平均旅行数が多いのは、２０代に次いで６０代です。（以各个年龄段为对象进行的旅行次数的比较研究调查显示，每个人旅行平均次数最多的是20多岁的人，其次是60多岁的人。）根据这句话及原文得知，旅行次数多的人群中，60多岁的人是仅次于20多岁的人，故答案选C（60多岁的人）。

20.【参考答案】B

【本题问题】到了70岁以上，去旅行的人数大幅减少的原因是什么？

【答案解析】女：７０代以上になるとその数は大きく減っていることも分かりました。その理由として挙げられるのが、主に「体の病気や怪我への心配」、特に「長距離歩けない不安」などです。（超过70岁，去旅行的人数大幅减少，其原因主要是"对生病和受伤的担心"和"担心无法长距离行走"等。）本题考查提取关键信息的能力，根据这句话的意思，选项B"病気や怪我への心配があるから（担心生病或受伤）"与其相符，选项A属于文中未提及的信息，选项C属于干扰项，与原文的"担心无法长距离行走"不符，故答案选B（担心生病或者受伤）。

第二部分　阅读

（一）

原文	中文翻译
日本人の行動規範の中で、たぶん「けじめ（界限，区別）」という観念が最も重要なものでしょう。 　「けじめ」とは、区別や差別化ということですが、それは区別や差別化だけではありません。社会における公と私、内と外、男と女、目上と目下、先輩と後輩、先生と生徒など、すべての関係を意識し、いろいろな状況の中で、はっきりと<u>違いを表現する</u>ために言葉や行動に注意することです。	在日本人的行为规范中，可能"界限"的观念是最重要的。 　"界限"是指区别和差别化，但这不仅仅是区别和差别化，是指要意识到社会上的公与私、内与外、男与女、上司与部下、前辈与后辈、老师与学生等所有的关系，并在各种各样的情况下，为了清楚地表达（这些）区别而注意言行举止。

例えば、仲の良い友人であっても、仕事上の立場で、<u>お客様</u>として接する時には適切な言葉遣いをする必要があります。同様に、上司としての立場になった場合は、目上の人に対する適切な言葉遣いや態度が求められます。友人関係では、時と場合によって適切に区別して考えることが「けじめ」です。 　このように日本人は、家庭や学校、職場などすべての場所で、「けじめ」を意識することが求められ、それができなければ、「けじめがない」「だらしない」と批判されるのです。 　こうして、敬語などの言葉遣いはもちろん、目上や目下などの人間関係を学び、上司や顧客に対する態度や姿勢などの社会的な行動規範を身につけ、<u>一人前の「日本人」</u>として成長していくのです。	例如，即使是关系很好的朋友，工作场合中，作为客人来接待的时候需要注意措辞。同样，如果对方是自己上司的话，也会被要求采用对待上司的恰当措辞和态度。在朋友关系中，根据时间和场合区别对待就是"界限"。 　像这样，日本人在家庭、学校、职场等所有地方都被要求意识到"界限"，如果不能做到这一点，就会被批判为"没有界限""不像话"。 　综上，敬语等的措辞就不用说了，日本人还要清楚与上司、下属等的人际关系，掌握对上司和顾客的态度、姿态等社会性的行动规范，将来才会作为一个合格的"日本人"成长起来。

21.【参考答案】C

　【本题问题】文中的"界限"（观念）所指的内容是哪一项？

　【答案解析】本题考查对第二段和第三段段落大意的理解。根据上文翻译，题目问的是：日本人行为规范中"界限"这一观念的概念解释，即"要意识到所有的关系，并在各种各样的情况下，为了清楚地表达（这些）区别而注意言行举止""根据时间和场合区别对待就是"界限"。故应是"根据关系和情况而进行适当的区别考虑"。由此可见，选项C正确。

22.【参考答案】B

　【本题问题】文中的"表达不同"是为什么？

　【答案解析】本题考查对文章大意的整体理解。根据上文翻译，题目问的是：为了清楚地表达（这些）区别而注意言行举止这种行为的原因，即"在日本人的行为规范中，可能'界限'的观念是最重要的"，故应是"因为这是日本人的行为准则"。由此可见，选项B正确。

23.【参考答案】A

　【本题问题】文中的"客人"指代的是谁？

　【答案解析】本题考查对第三段第1句的句意理解。根据上文翻译，题目问的是：工作场合中，作为客人来接待的对象，即"关系很好的朋友"，故应是"说话人的朋友"。由此可见，选项A正确。

24.【参考答案】D

　【本题问题】文中的"独当一面的'日本人'"，指的是哪种人？

　【答案解析】本题考查对最后一段的段落大意理解。根据上文翻译，题目问的是：一个合格

的"日本人"的标准，即"学习人际关系，掌握社会性的行动规范"，故应是"根据不同场合而能够采取适当言行的人"。由此可见，选项D正确。

25.【参考答案】C

【本题问题】在公司因工作上的事情想跟前辈商量时，要怎么说好？

【答案解析】本题考查对全语篇的理解。根据上文翻译，题目问的是："界限"这一观念在日本人的言行中的具体体现，即"怎样礼貌地向前辈开口寻求帮助"，故应是"前辈，请问您时间合适（方便）吗？"由此可见，选项C正确。

（二）

原文	中文翻译
最近学校の先生にも読めない<u>難読ネーム（难读名字）が増えている</u>そうだ。親たちが生まれてくる子供のために、字画や意味にもいろいろと考えて付けた名前なのに、結局、読みづらく、説明もしにくい漢字になってしまった。 難読とされる名前は、主に「<u>キラキラネーム</u>」「名前にしか使わない読み方」「習ったことのない難しい漢字」の三種類が考えられる。「キラキラネーム」とは、キャラクター（角色）の名前や外国語に一般的な読み方とは違う漢字を当てた名前である。愛（らぶ）、七音（どれみ）などがよく例に出される。「名前にしか使わない読み方」は、例えば、大森南朋（なお）、伊藤沙莉（さいり）などの名前がぴったり合う。「習ったことのない難しい漢字」は、高校卒業レベルの常用漢字ではなく、人名用漢字８６３字に含まれていると考えられる。この中には、「蓮」（れん）、「湊」（みなと）、「紬」（つむぎ）、「凪」（なぎ）など、最近の名前順位でよく知っている漢字もある。ところが、「侃」「悉」「尤」のように読みにくく、<u>調べるにも手間のかかる</u>漢字も多く、名前を説明する場面ではちょっと<u>苦労しそうだ</u>。 多少読みづらくてもいいという意見がある一方で、難読ネームのために、名前の読み方を全部訂正したり、漢字の書き方を説明したりすることに苦痛やストレスを持っている人もいる。名前は親からいただいたものとは言え、正しく読んでもらえるといいね。	听说最近多了很多连学校老师都不会读的难读名字。明明是父母为了即将出生的孩子，在笔画和意思上也进行了各种思考后才取的名字，结果却变成了既难读，又很难解释的名字。 难读的名字主要有"闪耀的名字""读音只用于该姓名的名字""由没学过的生僻字组成的名字"三种。"闪耀的名字"是指动漫角色名和与惯常读法不一致的汉字标注的外语名字。爱、七音等是常见的例子。"读音只用于该姓名的名字"，例如大森南朋、伊藤沙莉等名字就是指的这种情况。"由没学过的生僻字组成的名字"不是高中毕业水平的常用汉字，而是包含在人名使用汉字863字中的字。其中，也有"莲""凑""绸""凪"等在最近的名字排行榜上被人们熟知的汉字。但是，像"侃""悉""尤"这样既难读，查起来也很费事的汉字也很多，在解释名字的时候看起来会费力（吃力）。 虽然有人认为稍微难读也没关系，但也有人因为名字难读而纠正其读音，抑或是为了说明汉字名字的写法而觉得十分痛苦、有压力。虽说名字是父母给的，但还是希望别人能够正确读出来。

26.【参考答案】D

　　【本题问题】文中的"多了很多难读的名字"，那是为什么？

　　【答案解析】本题考查对第一段第2句的句意理解。根据上文翻译，题目问的是：难读名字在增加的原因，即"既难读又很难解释的名字"，故应是"因为使用了难读的汉字"。由此可见，选项D正确。

27.【参考答案】B

　　【本题问题】文中的被称作"闪耀的名字"的名字是哪一项？

　　【答案解析】本题考查对第二段第2~3句的句意理解。根据上文翻译，题目问的是："闪闪发光的名字"的含义，即"动漫角色名"，故应是"皮卡丘"。由此可见，选项B正确。

28.【参考答案】A

　　【本题问题】文中的"查询很麻烦的汉字"指代的内容是哪一项？

　　【答案解析】本题考查对第二段第5~7句的句意理解。根据上文翻译，题目问的是：没学过的难的汉字的相关内容，即"不是高中毕业水平的常用汉字，而是包含在人名使用汉字863字中的字"，故应是"用于人名的难（读）的汉字"。由此可见，选项A正确。

29.【参考答案】C

　　【本题问题】文中的"好像有点辛苦"指代的内容是哪一项？

　　【答案解析】本题考查对第二段第7句的句意理解。根据上文翻译，题目问的是：在解释名字的时候好像有点辛苦的原因，即"既难读，查起来也很费事的汉字也很多"，故应是"解释难读的名字"。由此可见，选项C正确。

30.【参考答案】A

　　【本题问题】作者最想表达的是什么？

　　【答案解析】本题考查对最后一段的段落大意理解。根据上文翻译，题目问的是：作者对于难读的名字的观点，即"还是希望别人能够正确读出来"，故应是"最好起个易读的名字"。由此可见，选项A正确。

（三）

原文	中文翻译
鑑真は１２年をかけてやっと７５３年に日本に着いた。その間に５度の航海失敗と失明を経験しても決して諦めなかった。日本の奈良で唐招提寺を建て、中国を訪問した「遣唐使」らとともに、中日友好の架け橋を作り、中日文化交流、民間交流の先驱者となった。	鉴真花了12年终于在753年到达日本。在这期间，他即使经历了5次航海失败，即使失明，也从没放弃抵达日本。他在日本奈良建造唐招提寺，与访问中国的"遣唐使"们一起，架起了中日友好的桥梁，并成为中日文化交流、民间交流的先驱者。

この「架け橋」を通して、約１３００年前、奈良と西安は緊密に結ばれた。現在の奈良にあった「平安京」は当時の日本の都として、唐の首都・長安、現在の西安の形をまねて（模倣）作られた。当時鑑真は不屈の精神を示し、たくさんの困難を乗り越えて日本に行った。仏教の教義だけでなく、唐の時代の文字や絵画、書道、医学、建築など先進的な文化も伝えた。その時日本に伝わった唐の文化は今でも日本文化に大きな影響を与え続けている。 　両国は友好関係を続ける若い世代の育成を非常に重視している。近年、両国で青年向けの訪問や見学などの活動が多く行われる。国や文化が違っても、交流を通して、相手のことを深く理解する（ア　ことができる）。中国と日本の人と人の交流が非常に重要である。両国の青年は中日友好に対する理解ももっと深くする必要がある。だから、青年の私たちは、鑑真和尚の失敗を恐れない精神を学び、中日友好関係をもっと発展させるために、頑張ろう。	通过这座"桥梁"，大约1300年前，奈良就和西安紧密相连。现在位于奈良的"平安京"，当时曾作为日本首都，是模仿了唐朝的首都，长安，也就是现在的西安的构造建成的。当时鉴真不屈不挠、克服万难最终到达了日本。不仅传播了佛教的教义，还传播了唐代的文字、绘画、书法、医学、建筑等先进文化。当时传入日本的唐朝文化至今仍持续影响着日本文化。 　中日两国非常重视培养年轻一代继续保持友好关系。近年来，两国开展了很多面向青年人的访问和参观等活动。即使国家和文化不同，他们通过交流也能够加深对彼此的理解。中国人和日本人的交流非常重要。两国青年也需要进一步加深对中日友好的理解。所以，作为青年的我们，要学习鉴真和尚不惧失败的精神，为进一步发展中日友好关系而努力。

31.【参考答案】A

【本题问题】文中的"奈良就和西安紧密相连"，那是为什么？

【答案解析】本题考查对第二段第1~2句的句意理解。根据上文翻译，题目问的是：奈良就和西安紧密相连的原因，即前文提到的鉴真和遣唐使架起了中日友好的桥梁。由此可见，选项A正确。

32.【参考答案】C

【本题问题】文中的"不屈不挠的精神"是怎样表现的？

【答案解析】本题考查对第一段第1~2句的句意理解。根据上文翻译，题目问的是：鉴真东渡日本的具体困难，即"即使经历了5次航海失败，即使失明，也从没放弃抵达日本"，故应是"经历了5次航海失败和失明"。由此可见，选项C正确。

33.【参考答案】D

【本题问题】文中的"持续影响"要怎么理解？

【答案解析】本题考查对第二段的段落意思理解。根据上文翻译，题目问的是：唐朝文化至今仍对日本文化的影响，即"不仅传播了佛教的教义，还传播了唐代的文字、绘画、书法、医学、建筑等先进文化"，故应是"日本吸收了唐朝的文化"。由此可见，选项D正确。

34.【参考答案】B

【本题问题】在文中（　ア　）的位置放入哪个词最合适？

【答案解析】本题考查对第三段第1~3句的句意理解。根据上文翻译，题目问的是：两国开展面向青年人的访问和参观等活动的意义，即"即使国家和文化不同，他们通过交流也能够加深对彼此的理解"，故应是"能够"。由此可见，选项B正确。

35.【参考答案】B

【本题问题】对于中日友好关系，现在的年轻人应该怎么做？

【答案解析】本题考查对第三段的段落意思理解。根据上文翻译，题目问的是：现在的年轻人怎么做有利于中日友好关系的发展，即"两国青年也需要进一步加深对中日友好的理解"，故应是"向日本人介绍家乡的文化"。由此可见，选项B正确。

（四）

原文	中文翻译
労働環境が厳しい状況の影響で有給休暇を取ることについて悩んでいる人が多くいる。 　あるメディアがネット上で「休暇を取るのは恥ずかしいことか？」という話題についてアンケート調査をした。その結果、4万人近くの参加者の中に、1万8000人が「恥ずかしい、休暇を取ると不安になる」と答え、1万人が「恥ずかしくない、休みたければすぐに申請する」と言い、1万人が「上司の態度と職場の雰囲気を見て決める」を選んだ。 　（ア　しかし）、「休暇を取るのが恥ずかしい」という考え方自体（本身）が間違ったのだ。休暇を取ることと一生懸命に働くこととは矛盾ではない。有給休暇が取れないのは、軽視される心配があるからだ。それに、社会全体が労働者の休暇に対する（イ　考え方）も固い。実は休暇はよく働くためのものである。だから、必要があれば、休暇を取ろう。 　有給休暇制度を全面的に実施するには、社会全体の努力が必要だ。まず、休暇に対する考え方を変え、労働者が休暇を取りやすい社会環境を作ろう。	在严苛的劳动环境影响下，很多人都在为请带薪假而烦恼。 　某媒体在网络上就"休假可耻吗？"这一话题进行了问卷调查。结果显示，在近4万名参与者中，1.8万人回答"很羞愧，请假会让人心里不安"，1万人回答"不可耻，想休息的话就会立马申请"，1万人选择"根据上司的态度和职场氛围来决定"。 　可是，"请假羞愧"的想法本身就错了。请假和努力工作并不矛盾。不敢请带薪假是因为担心被轻视。而且，整个社会都对劳动者请假的看法很固化。其实休假是为了更好地工作。所以，如果有必要的话，就请个假吧。 　全面实施带薪休假制度需要全社会的努力。首先，让我们先改变对请假的看法，（共同）创造劳动者容易休假的社会环境吧。

36.【参考答案】B

【本题问题】文中的"其结果"，正确的是哪一项？

【答案解析】本题考查对第二段的段落意思理解。根据上文翻译，题目问的是：与文中问卷调查结果相符的是哪一项，即"结果显示，在近4万名参与者中，1.8万人回答'很羞愧，请假会让人心里不安'"，故应是"回答休假会让心里不安的人最

多"。由此可见，选项B正确。

37.【参考答案】C

【本题问题】在文中（　ア　）的位置放入哪个词最合适？

【答案解析】本题考查对语篇整体结构的把握。根据上文翻译，题目设问处之前陈述的是对于"休假可耻吗"这一问卷内容的不同回答，而之后开始转而陈述这一问卷提法本身存在问题，前后属于转折关系，故应选择表示转折的连接词"可是"。由此可见，选项C正确。

38.【参考答案】D

【本题问题】文中的作者对于"带薪休假"的看法是哪一项？

【答案解析】本题考查对第三、四段的段落意思理解。根据上文翻译，题目问的是：作者对于"带薪休假"的观点，即"如果有必要的话，就请个假吧""全面实施带薪休假制度需要全社会的努力"，故应是"最好在全社会实施"。由此可见，选项D正确。

39.【参考答案】B

【本题问题】在文中（　イ　）的位置放入哪个词最合适？

【答案解析】本题考查对第三段第3~5句的句意理解。根据上文翻译，题目问的是：整个社会对劳动者请假这件事的看法很固化，即"'请假可耻'的想法本身就错了"，故应是"想法"。由此可见，选项B正确。

40.【参考答案】A

【本题问题】怎样才能更容易请到带薪假呢？

【答案解析】本题考查对第四段的段落意思理解。根据上文翻译，题目问的是：实施带薪休假制度所需要的条件，即"让我们先改变对请假的看法，（共同）创造劳动者容易休假的社会环境吧"，故应是"改变人们对休假的看法"。由此可见，选项A正确。

第三部分　语言运用

第一节

原文	中文翻译
誰でも完璧な人ではない。成功した経験があるし、ときには失敗したこともあると思う。失敗とは、目標に41届かなかったり、思い通りにならなかったり、他人とのコミュニケーションが42うまくいかなかったり、さまざまある。 　こうした失敗と素直に向き合い、原因の分析を通じて、学びを得ることができるから、失敗そのものは良いことと言ってもいい。失敗を学びに変える方法について、三つのポイントを43ご紹介する。	任何人都不是完美的。我认为每个人都有成功和失败的经历。失败可能是指41未达到目标，结果不如预期，或者与他人的沟通不42顺畅等等。 　坦然地面对失败、分析原因，就能够有所成长，因此可以说失败本身也是一件好事。如何将失败的经历转化为收获，43由我来向大家介绍三个关键办法。

まず、アドバイスを正しく理解することが重要だ。全てのアドバイスを鵜呑み（完全接受）にする 44 わけではない。自分が気づけなかったことを指摘してもらって、耳を傾けた 45 ほうがいい。失敗を客観的に振り返るためにも、フラット（客観地）にアドバイスを理解することから始めてみよう。 それから、自分がやっていたプロセス（过程） 46 において、ベストを尽くせたのか振り返ろう。自分なりに力を尽くしたなら、47 落ち込んだ気持ちを切り替えるようにしよう。そんな気持ちを長い間引きずりすぎない（不被牵着走）というのも大切だ。 最後に、どうすれば失敗を 48 生かすか考えてください。失敗した時、この経験を学びとしてどう捉えるかは重要だと思う。「次に同じ状況になったら、どう 49 行動したらいいのかもう分かった」と前向きに捉えることが、失敗を学びに変える上で何より重要だ。 失敗するから 50 こそ、次に何をすべきか分かるようになり、次のチャレンジで成功をつかむことができる。	首先，正确接受建议至关重要。44 并不是所有的建议都需要完全接受。45 最好让别人指出自己未注意到的问题，好好倾听。要想客观地反思失败，首先从平和地接受建议开始吧。 其次，46 在自己处理的过程中，回顾自己是否尽了最大的努力。如果你已经尽了全力，就要学会调整 47 失落的心情。不让这种心情持续太久也是很重要的。 最后，请考虑要怎么做才能 48 灵活地运用失败的教训。我认为，在失败时，如何将这一经验视为学习机会是至关重要的。在将失败转化为学习的问题上，"下次遇到同样的情况，我已经知道要怎么 49 行动才好！"如此积极地接受，对于把失败转化成学习这个层面来说，是最重要的。 50 正是因为会失败，我们才能知道下一步应该怎么做，并在下一次挑战中获得成功。

41.【参考答案】A

　　【本题考点】语境题，填入与文章情节相符合的内容。

　　【答案解析】由前文"失敗とは"可以得知，后续内容是对失败的现象描述，可知选项A是正确答案，与"目標に"进行搭配，表示无法达成目标。选项B是"没有向着"，选项C是"没有实现"且应搭配的是"目標を"，选项D是"没有推进"。

42.【参考答案】C

　　【本题考点】考查形容词的固定搭配"うまくいく"。

　　【答案解析】由前文"失敗とは"可以得知，后续内容是对失败的现象描述，可知选项C是正确答案，表示与他人的沟通不能顺畅地进行。选项A是"详细地"，选项B是"无聊地"，选项D是"快速地"。

43.【参考答案】D

　　【本题考点】考查自谦语"お／ご～する"。

　　【答案解析】结合前后文，句子翻译为"向大家介绍三个关键办法"。说明要填的是自谦语，可知选项D是正确答案。

44.【参考答案】B

【本题考点】考查固定句型"〜わけではない"。

【答案解析】结合前文"アドバイスを正しく理解することが重要だ"以及结合后文"自分が気づけなかったことを指摘してもらって、耳を傾けたほうがいい"，可知作者建议我们听取反馈和意见，但是并不是所有的反馈都要完全接受，是需要倾听自己没有注意到的问题点。由此可见，选项B"并非……"是正确答案。选项A表示"不能……"，选项C表示"应该……，当然……"，选项D表示"绝对不会……"。

45.【参考答案】A

【本题考点】考查固定句型"〜ほうがいい"。

【答案解析】结合前后文，句子翻译为"好好倾听会比较好"，说明考查的是固定句型"〜ほうがいい"，可知选项A是正确答案。

46.【参考答案】B

【本题考点】考查固定句型"〜において"。

【答案解析】结合前后文，句子翻译为"在自己处理的过程中，回顾自己是否尽了最大的努力"，说明要填的是固定句型"在……方面"，可知选项B是正确答案。选项A是"历经……，涉及……"，选项C是"再加上……"，选项D是"随着……"。

47.【参考答案】A

【本题考点】语境题，填入与文章情节相符合的内容。

【答案解析】设问处"自分なりに力を尽くしたなら、___47___気持ちを切り替えるようにしよう"翻译为"如果你已经尽了全力，就要学会调整___47___心情"，说明自己尽力了但还是失败，带来的是失落的心情，而我们需要做的也是转变这种心情。由此可知，选项A是"失落"，是正确答案。选项B是"期待"，选项C是"快乐"，选项D是"困惑"。

48.【参考答案】C

【本题考点】语境题，填入与文章情节相符合的内容。

【答案解析】结合后文"失敗した時、この経験を学びとしてどう捉えるかは重要だと思う"，可知本段强调的是，要灵活地运用失败的教训，并将其转化为学习，可知选项C"活用"是正确答案。选项A是"避开"，选项B是"畏惧"，选项D是"接受"。

49.【参考答案】A

【本题考点】语境题，填入与文章情节相符合的内容。

【答案解析】结合前文"失敗した時、この経験を学びとしてどう捉えるかは重要だと思う"，可以得知，在失败时，如何将这一教训视为学习机会是至关重要的。因此，遇到相同状况的时候，我们就能明白应该如何行动。由此可知，选项A"行动"是正确答案。选项B是"躲避失败"，选项C是"尽力"，选项D是

"回顾"。

50. 【参考答案】B

【本题考点】考查副助词"こそ"。

【答案解析】结合后文"次に何をすべきか分かるようになり、次のチャレンジで成功をつかむことができる"，可知设问处描述的是失败的作用，可以翻译为"正是因为会失败"。由此可知，选项B是正确答案，表示强调。选项A表示举出极端事例，选项C表示限定，选项D表示超出普通范围、累加。

第二节

51. 【参考答案】ほど

【答案解析】考查助词"ほど"表示比较的基准的用法。结合前后文可以得知作者经常与他人进行对比，因此填写的是表示比较基准的助词。另外，由后文的否定可以得知，考查的是"～ほど～ない"的用法，故答案为"ほど"。

52. 【参考答案】喜

【答案解析】考查单词"喜ぶ"的当用汉字。

53. 【参考答案】比べ

【答案解析】考查动词的"て形"。由于"比べる"是二类动词，二类动词的"て形"变形规则为"る"变成"て"，故答案为"比べ"。

54. 【参考答案】見

【答案解析】考查动词的"ない形"。由于"見る"是二类动词，二类动词的"ない形"变形规则为"る"变成"ない"，故答案为"見"。

55. 【参考答案】に

【答案解析】考查固定句型"～に対して"，表示"对……"。

56. 【参考答案】考え

【答案解析】考查动词的中顿形。后项的"～方"提示，设问处需要填写"考える"的中顿形。由于"考える"是二类动词，中顿形为"考え"。

57. 【参考答案】追い求め

【答案解析】考查动词的"て形"。由于"追い求める"是二类动词，二类动词的"て形"变形规则为"る"变成"て"，故答案为"追い求め"。

58. 【参考答案】さが

【答案解析】考查单词"探す"的对应假名。

59. 【参考答案】で

【答案解析】考查助词"で"表示原因的用法。

60. 【参考答案】速く

【答案解析】考查一类形容词修饰动词的用法。一类形容词"速い"需要将词尾"い"变成"く"再加"なります"。

第四部分　写作

第一节　范文

高橋様

拝啓

　お元気ですか。

　中国留学の計画、すごく楽しみにしています。中国語の勉強に関して、日常会話から始めて練習するのがいいと思います。質問があれば、いつでも聞いてください。中国で会えるのを楽しみにしています。

　　　　　　　　　　　　　　　　　　　　　　　　　敬具

　2024年2月8日

　　　　　　　　　　　　　　　　　　　　　　　　　李　明

第二節　范文

　　　　　　　故郷のために私にできること

　私の故郷は小さな町にあります。都市から離れていますが、豊かな自然に恵まれています。山と海が多い所で、四季の変化がはっきりしています。しかし、最近は若者の減少や高齢化が問題になっています。

　こんな故郷を見て、自分に何かできるかと考え始めました。まず、ボランティア活動に参加します。街をきれいにするために、清掃美化活動をします。それに、伝統文化の継承や地域の活性化に貢献したいので、街の伝統的な行事にも参加するつもりです。最も大事なのはしっかり勉強することです。これは将来様々なことに役立ちます。大学を卒業した後、故郷の街づくりをします。

　今はできることが限られています。微力ながらも、故郷の将来のために、頑張りたいです。

新高考日语模拟卷（四）

答案速览

第一部分　听力

1	2	3	4	5	6	7	8	9	10	11	12	13	14	15	16	17	18	19	20
B	A	B	C	A	C	A	C	C	C	B	A	C	B	C	B	C	B	C	A

第二部分　阅读

21	22	23	24	25	26	27	28	29	30	31	32	33	34	35	36	37	38	39	40
B	A	B	C	B	D	D	C	C	D	C	B	A	D	B	C	B	D	C	A

第三部分　语言运用

第一节

41	42	43	44	45	46	47	48	49	50
D	D	A	B	C	D	A	B	B	C

第二节

51	52	53	54	55
に	や	ぶつかっ	社会的な	ちゅう
56	**57**	**58**	**59**	**60**
必要	持っている	使用した	付けられ	と

听力原文

1.

男：お待たせしました。ラーメンでございます。

女：これは私が注文したものじゃないです。

男：誠に申し訳ございません。すぐ確認いたします。

2.

男：あ、もうこんな時間だ。タクシーで帰ろう。

女：まだ終電に間に合いそうよ。それに、タクシーは高いし。

男：僕が払うから。

女：じゃあ、タクシーにしよう。

3.

男：このコート、素敵だね。きっと高いだろう。

女：ありがとう。昨日、デパートでセールがあって、半額で買ったの。

男：いくらしたの？

女：２万円ぐらいだよ。

男：いいんじゃない。

4.

女：何を見ていますか？

男：新学期の部活のパンフレットですよ。英語部と美術部、どちらにするか迷っています。李佳さんはもう決めましたか。

女：先学期は文学部でしたが、今回はグループ運動に挑戦してみたいです。

5.

女：あのう、すみません。

男：はい、どうしましたか。

女：市役所へ行きたいんですが、道が分からなくて…

男：すみません、私もよくわかりません。あそこに交番がありますから、交番で聞いてください。

女：はい、ありがとうございました。

6~8.

女：いらっしゃいませ。何名様でしょうか。

男：三人です。予約していないんですが、空席がありませんか。

女：禁煙席でしたら、まだありますが、喫煙席は今満席となっています。

男：喫煙席のほうがいいんですが、どのぐらい待ちますか。

女：２０分ぐらいお待ちいただけますか。

男：はい、待ちます。

9~11.

女：今度の冬休みは何をする予定なの。

男：家族とハワイへ行くつもりだよ。王さんは？

女：私は北海道へ行くことにしたよ。

男：わあ、羨ましい。北海道の雪観光が大人気だよね。

女：そうね。私は沖縄出身だから、ずっと前から雪を見たかったの。

男：僕、北の方出身でも、何年も雪を見たことがないよ。小さい頃、よく雪だるまを作った。懐かしいなあ。じゃ、楽しんでくださいね。

女：ありがとう。

12~14.

男：森さん、明後日の出張は予定通りだろうね。

女：はい、飛行機のチケットはもう予約しました。１７日午前１０時発です。

男：わかった。ちょうど午後４時の会議に間に合うよ。

女：部長、ホテルはまだ予約していないんですが、いつもの7000円のはもうなくなりました。8000円のしか…

男：それはちょっと高いよ。もっと安いのは…

女：すぐインターネットで調べてみます。後で部長にご報告いたします。

男：お願い。

15~17.

女：みなさんはカプセルホテルを知っていますか。その名の通り、カプセルの形をしていて、ちょうど布団一枚敷ける大きさです。値段が安いことが一番いいところです。カプセルホテルの多くは駅周辺や空港や繁華街などの近くにあります。基本的に男性と女性は別の階なので、女性でも安心して泊まることができます。機会があったら、ぜひ体験してみてください。

18~20.

男：近年、電気自動車の普及が進んでいます。街中でそれを見かけることが多くなったのではないでしょうか。電気自動車にはガソリン車と比べてたくさんのいいところがあります。排気ガスが出ないので環境にやさしいです。同じ距離を走るのに、電気を使うほうが、コストを減らすことができるからです。そんな電気自動車ですが、問題がないわけではありません。長い距離を走ると、エネルギーの心配をしなければなりません。しかし、普段あまり遠くまで行くことが少ない私には、心配する必要がありません。

第一部分　听力

第一节

1.【参考答案】B

【本题问题】两个人在哪里对话？

【答案解析】男：お待たせしました。ラーメンでございます。（久等了。这是您要的面。）女：これは私が注文したものじゃないです。（这不是我点的。）此题考查简单逻辑推断，根据对话可以推断两个人的对话发生在餐厅，故答案选B（餐厅）。

2.【参考答案】A

【本题问题】两个人如何回去？

【答案解析】男：あ、もうこんな時間だ。タクシーで帰ろう。（啊，已经这个时间了，我们坐出租车回吧。）女：まだ終電に間に合いそうよ。それに、タクシーは高いし。（末班电车看起来还赶得上，而且出租车又贵。）男：僕が払うから。（我来付钱。）女：じゃあ、タクシーにしよう。（那么，就坐出租车吧。）此题考查提取具体信息，女子最终决定按照男子的提议，坐出租车回去。故答

案选A（坐出租车）。

3.【参考答案】B

【本题问题】女子买的衣服原价多少钱？

【答案解析】女：昨日、デパートでセールがあって、半額で買ったの。（昨天商场有减价活动，5折购入的。）男：いくらしたの？（多少钱买的呢？）女：２万円ぐらいだよ。（2万日元左右。）此题考查简单逻辑推断，根据信息可以推断女子买的衣服原价是4万日元左右，故答案选B（4万日元）。

4.【参考答案】C

【本题问题】女子最终选择哪个社团？

【答案解析】女：今回はグループ運動に挑戦してみたいです。（这次我想挑战一下团体运动。）此题考查提取具体信息以及简单推断，故答案选C（篮球社）。

5.【参考答案】A

【本题问题】女子现在正在做什么？

【答案解析】女：市役所へ行きたいんですが、道が分からなくて…（我想去市政府，但是不知道路……）男：すみません、私もよくわかりません。あそこに交番がありますから、交番で聞いてください。（不好意思，我也不知道。那里有派出所，请你问一下派出所吧。）此题考查简单逻辑推断，可以知道女子正在向男子问路，故答案选A（正在向男子问路）。

第二节

6.【参考答案】C

【本题问题】谁和谁在对话？

【答案解析】女：いらっしゃいませ。何名様でしょうか。（欢迎光临！请问几位？）男：三人です。予約していないんですが、空席がありませんか。（3个人。因为我没有预约，请问有空位吗？）此题考查简单逻辑推断，可以推断女子是服务员，男子是客人，故答案选C（店员与客人）。

7.【参考答案】A

【本题问题】男子喜欢哪个座位？

【答案解析】男：喫煙席のほうがいいんですが。（我选择吸烟席。）本题考查提取具体信息，故答案选A（吸烟席）。

8.【参考答案】C

【本题问题】男子接下来要做什么？

【答案解析】女：２０分ぐらいお待ちいただけますか。（请问您能等20分钟左右吗？）男：はい、待ちます。（好的，我等。）本题考查提取具体信息，故答案选C（在店里等）。

9.【参考答案】C

　　【本题问题】男子这次寒假有什么计划？

　　【答案解析】男：家族とハワイへ行くつもりだよ。（打算和家人去夏威夷。）本题考查提取具体信息，故答案选C（去夏威夷）。

10.【参考答案】C

　　【本题问题】女子的出生地是哪里？

　　【答案解析】女：そうね。私は沖縄出身だから、ずっと前から雪を見たかったの。（是呢。我出生在冲绳，很久之前就想看雪。）本题考查提取具体信息，可以知道女子出生在冲绳，故答案选C（冲绳）。

11.【参考答案】B

　　【本题问题】与会话内容相符的是哪一项？

　　【答案解析】本题考查的是提取具体信息，需要对选项进行一一排除。选项A：男の人は雪を見たことがない。（男子没看过雪。）B：女の人は雪を見たことがない。（女子没看过雪。）C：男の人は雪を見るのを楽しみにしている。（男子期待看雪。）根据原文，女：私は沖縄出身だから、ずっと前から雪を見たかったの。（我出生在冲绳，很久之前就想看雪。）可以推断女子没看过雪。男：僕、北の方出身でも、何年も雪を見たことがないよ。小さい頃、よく雪だるまを作った。懐かしいなあ。じゃ、楽しんでくださいね。（我即使出生在北方，也好多年没看过雪了。很怀念小时候经常堆雪人。那么，请好好享受看雪。）可以判断选项A、C不对，故答案选B（女子没看过雪）。

12.【参考答案】A

　　【本题问题】今天是几号？

　　【答案解析】男：森さん、明後日の出張は予定通りだろうね。（小森，后天的出差还是原计划吧？）女：はい、飛行機のチケットはもう予約しました。17日午前10時発です。（是的，机票已经预约好了。17号上午10点出发。）本题考查简单逻辑推断，可以推出今天是15号，故答案选A（15号）。

13.【参考答案】C

　　【本题问题】预约多少钱的酒店？

　　【答案解析】本题考查简单逻辑推断。女：部長、ホテルはまだ予約していないんですが、いつもの7000円のはもうなくなりました。8000円のしか…（部长，酒店还没预约好，之前的7000日元的没有了，只有8000日元的了……）男：それはちょっと高いよ。もっと安いのは…（那稍微有点贵，有没有更便宜的？）女：すぐインターネットで調べてみます。後で部長にご報告いたします。（我马上上网查，稍后报告部长。）根据这几句话，可以推断还没确定好订多少钱的酒店，故答案选C（还没确定）。

14.【参考答案】B

　　【本题问题】女子接下来马上做什么？

　　【答案解析】女：すぐインターネットで調べてみます。後で部長にご報告いたします。
　　　　　　　　（我马上上网查，稍后报告部长。）本题考查提取具体信息，可以得知女子接
　　　　　　　　下来马上查酒店，故答案选B（查酒店）。

15.【参考答案】C

　　【本题问题】胶囊旅馆是什么形状？

　　【答案解析】女：その名の通り、カプセルの形をしていて、ちょうど布団一枚敷ける大き
　　　　　　　　さです。（正如名字一样，像胶囊的形状，正好能铺开一床被子的大小。）根
　　　　　　　　据这句话，可以得出胶囊旅馆的形状就是像胶囊一样，此题考查提取具体信
　　　　　　　　息，故答案选C（胶囊形状）。

16.【参考答案】B

　　【本题问题】胶囊旅馆一般位于哪里？

　　【答案解析】女：カプセルホテルの多くは駅周辺や空港や繁華街などの近くにあります。
　　　　　　　　（胶囊旅馆大多数在车站周围呀，机场呀，闹市等等。）本题考查提取具体信
　　　　　　　　息，故答案选B（车站、机场的附近）。

17.【参考答案】C

　　【本题问题】胶囊旅馆最大的优点是什么？

　　【答案解析】女：値段が安いことが一番いいところです。（价格便宜是最大的优点。）本
　　　　　　　　题考查句意的同义转换，题干"最大のいいところ"与选项C"一番いいとこ
　　　　　　　　ろ"同义，根据这句话，可以知道胶囊旅馆最大的优点就是价格便宜，故答案
　　　　　　　　选C（价格便宜）。

18.【参考答案】B

　　【本题问题】为什么很多人选择电动汽车呢？

　　【答案解析】本题是对原因推断的考查。选项A：電気自動車が速いから。（因为电动汽车
　　　　　　　　快。）B：電気自動車はコストを減らすことができるから。（因为电动汽车
　　　　　　　　可以节约成本。）C：電気自動車は値段が安くて環境にいいから。（因为电
　　　　　　　　动汽车又便宜又环保。）男：同じ距離を走るのに、電気を使うほうが、コス
　　　　　　　　トを減らすことができるからです。（走同样的距离，使用电能节约成本。）
　　　　　　　　根据这几句话，可以知道很多人选择电动汽车的原因是能节约成本，故答案选
　　　　　　　　B（因为电动汽车能够节约成本）。

19.【参考答案】C

　　【本题问题】关于电动汽车，正确的说明是哪一个？

　　【答案解析】本题是考查理解具体信息。选项A：エネルギーの心配は要らない。（不需
　　　　　　　　要担心能源问题。）B：長く運転することがまったくできない。（完全不能
　　　　　　　　长距离驾驶。）C：有害物質がないので、環境に優しい。（因为没有有害物

质，所以环保。）男：そんな電気自動車ですが、問題がないわけではありません。長い距離を走ると、エネルギーの心配をしなければなりません。（电动汽车也并不是没有问题。如果长距离行驶的话，必须担忧能源的问题。）根据原文这句话可以排除选项A、B，故答案选C（因为没有有害物质，所以环保）。

20.【参考答案】A

【本题问题】关于电动汽车的使用，男子有何看法？

【答案解析】本题考查说话人的观点态度。男：しかし、普段あまり遠くまで行くことが少ない私には、心配する必要がありません。（但是对于平时不怎么去远处的我来说，没必要担心长距离驾驶问题。）根据这句话，可以推断男子是赞成电动汽车的，故答案选A（赞成）。

第二部分　阅读

（一）

原文	中文翻译
メモはあとで見直すためにとるのだと思われている。メモをしながら会話するということは教科書や参考書を持って試験を受けるようなものだ。 　　（ア　メモ）しておけば、あとから確かめるのが相当容易になる。試験で言えば規則違反に当たる行為だが、会話ではルール違反にならないのだ。メモを取りながら話を聞くことは、<u>相手を喜ばす</u>ことになるほうが多い。話を聞くほうとして、「しっかりお話を聞いていますよ」という気持ちをメモを取ることで伝えることができる。たいていの人は確実に情報が伝わっているのだという<u>安心感も持つことができる</u>。 　　そのほかに、何か一つ新しい意味を出すのはおもな目的だと思っている。その意思を強く持ってメモを取っていると、自分で思わなかったことを思いつく可能性が高まる。話を文字にしていくと、思考が整備され、自分の考えの不足が見つけやすい。そして、どのように補足していくか明確になり、そこから新しいアイディアを出すことができる。	笔记是便于事后梳理回顾而记的。一边记笔记一边交谈就好像拿着教科书和参考书参加考试一样。 　　提前记好笔记的话，之后再确认会变得相当容易。虽然在考试中这是违纪的行为，但在实际交谈中并不违规。一边记笔记一边听别人说话，很多时候会让对方高兴。作为听者，可以通过记笔记来表明"我在认真听你说话"的心情。大多数（说话人）都能为自己所说的信息传达到了对方而感到安心。 　　除此以外，主要的目的是激发新的理解。如果你怀着这个强烈的想法做笔记，就很有可能会发现自己没有想到的东西。把话写成文字的话，思考就会得到补充，由此就会发现自己想法的不足，从而发现如何补充自己的想法，进而激发出新的创意。

21.【参考答案】B

　　【本题问题】在文中（　ア　）的位置放入哪个词最合适？

　　【答案解析】本题考查对第一段第1句的句意理解。根据上文，题目问的是：文中
　　　　　　　　（　ア　）处填入什么是最恰当的？此处与第一段第1句话描述的内容一致，
　　　　　　　　都是说记笔记是为了之后进行确认。由此可见，选项B正确。

22.【参考答案】A

　　【本题问题】文中的"让对方高兴"，是指谁让谁高兴？

　　【答案解析】本题考查对第二段第3~4句的句意理解。根据句意，"一边记笔记一边听别人
　　　　　　　　说话，很多时候会让对方高兴。"题目问的是：是指谁让谁高兴？即听话人通
　　　　　　　　过记笔记的行为让说话人高兴。由此可见，选项A正确。

23.【参考答案】B

　　【本题问题】文中的"感到安心"指的是谁的心情？

　　【答案解析】本题考查对第二段第4~5句的句意理解。根据句子翻译，"大多数（说话人）都
　　　　　　　　能为自己所说的信息传达到了对方而感到安心。"可以看出指的是说话人的心
　　　　　　　　情。题目问的是："感到安心"指的是谁的心情？由此可见，选项B正确。

24.【参考答案】C

　　【本题问题】不属于记笔记的优点的是什么？

　　【答案解析】本题考查对全篇的句意理解。根据上文翻译，记笔记的优点分别是"方便后面
　　　　　　　　确认"（第一段第1句）；"让对方高兴"（第二段第3句）；"让对方获得安
　　　　　　　　心感"（第二段最后1句）；"激发新的创意"（第三段最后1句）。题目问的
　　　　　　　　是：不属于记笔记的优点的是什么？C选项"在考试中取得好的分数"在文中
　　　　　　　　没有提及，属于无中生有。由此可见，选项C正确。

25.【参考答案】B

　　【本题问题】符合文章内容的是哪一项？

　　【答案解析】本题考查对全篇的句意理解。根据上文翻译，题目问的是：符合文章内容的
　　　　　　　　是什么？选项A的出处为第二段第2句话，意思是"虽然在考试中这是违纪的
　　　　　　　　行为，但在实际交谈中并不违规"，与文中表述不符。选项B的出处在最后一
　　　　　　　　段，"如果你怀着这个强烈的想法做笔记，就很有可能会发现自己没有想到的
　　　　　　　　东西。把话写成文字的话，思考就会得到补充，由此就会发现自己想法的不
　　　　　　　　足，从而发现如何补充自己的想法，进而激发出新的创意。"与文中表述一
　　　　　　　　致。选项C文本依据在最后一段第3句，说的是发现自己的不足，而不是发现
　　　　　　　　说话人的不足，故与文本不符。选项D文本依据在最后一段第2句，文中说的
　　　　　　　　是要怀有强烈创造新观念的想法去做笔记，而不是说记笔记会强化这种想法，
　　　　　　　　与文本不符。故选项B正确。

原文	中文翻译
私は家では自分の気持ちを何でも話せる。（ア　しかし）外に出ると心の壁を何枚も立てて違う自分を演じてしまう。失敗しないように、誰からも注意されないように、笑われないように、目立たないように、いつも「普通」を演じている。「高木は風に折られる」と思いながら自分の本心を隠している。	我在家可以畅所欲言。但是一出门就在内心筑起几道墙扮演出一个不一样的自己。为了不失败，不被任何人注意，不被嘲笑，不引人注目，总是扮演"普通人"。一边想着"枪打出头鸟"，一边隐藏着自己的真实想法。
高校に入学してから、隣の女の子と仲良しになった。彼女は失敗談を面白く話し、理不尽（不讲理）だと思うことは先生にもはっきり言える。そして、いつもみんなの前で堂々と自己主張ができる。そんな彼女がいつもみんなの輪の中にいて輝いていた。まったくそんな人と仲良くなれるとは思わなかった。彼女のほうが正解だと一刻も疑ったことはなかったが、最初は自分の趣味や本心を彼女に伝えずに曖昧にしてきた。勉強から逃げたくて、落ち込んでいたときも彼女に知られたら迷惑だと思って、意識的に心の距離を作っていた。	上了高中后，我和同桌的女孩子成了好朋友。她能绘声绘色地描述自己的失败经历，我认为毫无道理的事情，她也能够直截了当地和老师阐明，而且能在大家面前直言不讳地强调自己的想法。那样的她总是在大家的圈子里熠熠生辉。我真没想到能和那样的人关系变得亲密。我一刻也不怀疑这样的她是正确的，但一开始我并没有把自己的兴趣和真心话告诉她，而是模糊处理。我偶尔想要逃避学习，或是失落时也曾想找她诉苦，但担心或许会对她造成困扰，便还是下意识地保持着距离。
ところが、彼女はいつもありのままの自分を見せてくれた。気が付いたら、いつの間にか自分も少しずつ変わってきていた。好きな男に「好き」と言えるまでまだ距離があるが、嫌なことに誘われたら、「楽しみだね！」と嘘をつくことにかわって、「今日はちょっと…」と断れるようになった。また、注目を集めたら緊張で仕方がなかったが、彼女に支えられたから、勇気を出して合唱団に参加させてもらい、舞台のデビュー（初次登台）もできた。	但是，她总是向我表现出真实的自己。当我意识到的时候，发现自己不知什么时候也渐渐变了。虽然离能够对喜欢的男生说"我喜欢你"还有一段距离，但是如果被邀请做自己不想做的事情，我也不会和之前一样撒谎说"我好期待啊"，而是能够坦率地说出"今天有点不方便"。不仅如此，以前如果我被别人关注会紧张得不得了，在她的支持下，现在也鼓起勇气参加了合唱团，初次在舞台之上展示了自己。
「朱に交われば赤くなる」。日光みたいに輝く彼女が友達になってくれたおかげで少しずつ心の壁を崩している。	"近朱者赤。"多亏了阳光般灿烂的她成为我的朋友，之前封闭自己内心的壁垒也渐渐土崩瓦解。

26.【参考答案】D

【本题问题】在文中（　ア　）的位置放入哪个词最合适？

【答案解析】本题考查对第一段第1~2句的句意理解。根据上文翻译，第1句说"我在家可

以畅所欲言。",第2句说"但是一出门就在内心筑起几道墙扮演出一个不一样的自己",前后内容很明显是转折关系。题目问的是：文中（　ア　）处填入什么是最恰当的？由此可见，选项D正确。

27.【参考答案】D

【本题问题】文中的"那样的她"所指的是怎样的她？

【答案解析】本题考查对第二段2~3句的句意理解。根据上文翻译，"她能绘声绘色地描述自己的失败经历，我认为毫无道理的事情，她也能够直截了当地和老师阐明，而且能在大家面前直言不讳地强调自己的想法。"这几句所表达的都是她直率的特点。题目问的是："那样的她"指的是怎样的她？由此可见，选项D正确。

28.【参考答案】C

【本题问题】文中的"她"对"我"的态度哪一项是正确的？

【答案解析】本题考查对第三段第1句的句意理解。根据上文翻译，"但是，她总是向我表现出真实的自己。""ありのまま"意为"本真的，实事求是的"。由此可见，她对"我"没有任何隐瞒。选项C正确。

29.【参考答案】C

【本题问题】文中的"我"有什么改变？

【答案解析】本题考查对第三段的句意的理解。选项A"能够对自己喜欢的男生坦率地说'我喜欢你'"与文中第三段第3句"虽然离能够对喜欢的男生说'我喜欢你'还有一段距离"不符。选项B"能在大家面前直言不讳地强调自己的想法"的文本依据在第二段第3句，说的是"我"的朋友能够在大家面前直言不讳地强调自己的想法，而不是"我"自己。选项C"能够克服在大家面前露面的恐惧感了"与第三段第4句"不仅如此，以前如果我被别人关注会紧张得不得了，在她的支持下，现在也鼓起勇气参加了合唱团，初次在舞台之上展示了自己"内容相符。选项D"被邀请做喜欢的事时能够拒绝"与文中第三段第3句"被邀请做自己不想做的事时"不符。由此可见，选项C正确。

30.【参考答案】D

【本题问题】文中的"自己内心的壁垒也渐渐土崩瓦解"为什么会土崩瓦解？

【答案解析】本题考查对第四段第1句的句意理解。根据上文翻译"'近朱者赤。'多亏了阳光般灿烂的她成为我的朋友，之前封闭自己内心的壁垒也渐渐土崩瓦解"，可以推断出，我的变化得益于她的影响。题目问的是："心墙为什么会渐渐土崩瓦解？"由此可见，选项D正确。

原文	中文翻译
親の価値観は子供の価値観を作ります。五歳ぐらいの子供を連れた母親が、町を清掃している人たちのそばを通りながら、子供にこう言っています。「おばあさんたちが、こうして働いてくださる（ア　おかげで）、私たちはこんなにきれいな町に住めるのよ。ありがとうと言いましょうね」。同じところを、また別の幼い子を連れた母親が通りかかります。子供に向かってこう言いました。「太郎も勉強しないと、こういう仕事をしないといけなくなるのよ」。最初の母親は、人間は支え合って生きていること、そして（イ　労働への感謝）を子供の心に植え付けたのに対して、二番目の母親は、職業への偏見と人間を学歴などで差別する価値観を植え付けたのです。同じことでも価値観によって、受け取り方が変わります。 　私の母は、決して学歴のある人とは言えませんが、人間として大切にするべきことを、しっかり伝えてくれました。「わが身を抓って（抓）、人の痛さを知れ」という話をいつまでも覚えていて、何かしようとしたら必ず他人の立場にも立って考えるようにしています。 　親たちの言動や思いは直接子供たちの価値観構築にかかわっています。子供を育成していく間はそれを常に意識して、愛と思いやりの価値観を伝えてほしいです。	父母的价值观造就孩子的价值观。一位带着5岁左右孩子的母亲路过清扫城市的环卫工人身边时对孩子这样说道:"多亏了奶奶们这样为我们工作，我们才能住在这么干净的城市里。让我们说声谢谢吧。"同样的地方，又有带着别的小孩子的母亲经过，对孩子说了这样的话："太郎你不学习的话，就必须做这样的工作了。"第一位母亲不仅将人们相互支持着生活的道理传输给了孩子，而且将对劳动者的感激之情厚植孩子的心怀。第二位母亲则将对职业的偏见以及学历鄙视等价值观灌输给了孩子。同样的事情，因为价值观的不同,理解也会不一样。 　我的母亲虽然不能说是有学历的人，但是她却将为人的准则切实地传授给了我。我会永远记住"通过抓自己，感受别人的疼痛（推己及人）"这句话，它告诉我当我想做什么的时候一定也要站在别人的立场上考虑。 　父母们的言行和想法直接关系到孩子们的价值观构建。希望在培养孩子的时候经常意识到这一点，向孩子传达爱和体谅的价值观。

31.【参考答案】C

　【本题问题】在文中（　ア　）的位置放入哪个词最合适？

　【答案解析】本题考查对第一段第3~4句的句意理解。根据上文翻译，"多亏了奶奶们这样为我们工作，我们才能住在这么干净的城市里。让我们说声谢谢吧"可以看出前后为因果关系。题目问的是：文中（　ア　）处填入什么是最恰当的？由此可见，选项C正确。

32.【参考答案】B

　【本题问题】符合第二位母亲的价值观的是哪句？

　【答案解析】本题考查对第二段第二位母亲说的话以及倒数第2句的句意理解。根据上文翻译，"太郎你不学习的话，就必须做这样的工作了"以及"第二位母亲则将对职业的偏见以及学历鄙视等价值观灌输给了孩子"可以看出第二位母亲认为只

有通过学习才能做好的工作。题目问的是：哪句符合第二位母亲的价值观？由此可见，选项B正确。

33.【参考答案】A

【本题问题】在文中（　イ　）的位置放入哪个词最合适？

【答案解析】本题考查对第一段第3~4句的句意理解。根据上文翻译，"多亏了奶奶们这样为我们工作，我们才能住在这么干净的城市里。让我们说声谢谢吧。"可以看出第一位母亲在教会自己的孩子向清洁工表达感谢，是对劳动的感谢和尊重。题目问的是：文中（　イ　）处填入什么是最恰当的？此处是在解读第一位母亲行为里所包含的价值观。由此可见，选项A正确。

34.【参考答案】D

【本题问题】与文中的"通过掐自己，感受别人的疼痛"意思相近的是哪一项？

【答案解析】本题考查对第二段第2句的句意理解。根据上文翻译，"通过掐自己，感受别人的疼痛"也就是"推己及人"的意思。题目问的是：与这句话意思相近的是哪句。选项A"让别人知道自己的痛"，选项B"想和他人打架时就让对方掐自己"，选项C"想要别人做的事就要交给他"，选项D"想要别人为自己做的事，自己也要为别人做"，由此可见，选项D正确。

35.【参考答案】B

【本题问题】根据笔者的描述，孩子的价值观是如何形成的？

【答案解析】本题考查对全篇大意的理解。根据上文翻译，第一段和最后一段分别表达了父母的价值观影响孩子的价值观。题目问的是：作者认为孩子的价值观应该如何构建？由此可见，选项B正确。

（四）

原文	中文翻译
総務省の調査によると、２０２０年に65歳以上の高齢者の数は総人口の28.7％を占めている。これからも年々増える見込みだ（予計）。特に一人暮らしをしている高齢者は少なくない。独居老人にインタビューしたところ、2週間以上話す相手が一人もいないのがよくあった。独居している老人たちの問題をどう解消するか考えなければならない。 　それに応じて、「異世代ホームシェア」というサービスが生まれた。「異世代ホームシェア」とは大学等近辺に居住のお年寄りは自宅外の通学者に安価で部屋を提供することだ。家族に見えるが、実は他人だ。異世代同居ということはお互い	根据总务省的调查，2020年65岁以上老年人的数量占总人口的28.7％。预计今后也会逐年增加。特别是一个人生活的老年人不在少数。据对独居老人的采访发现，独居老人两周以上都没有人与之说话的现象十分常见。因此，我们必须考虑如何消除独居老人们的孤独感。 　与此相对应，出现了"跨代家庭共享"的服务。"跨代家庭共享"指的是居住在学校附近的年长者为离家求学的学生提供住所。看起来是家人，其实是外人。跨代共居对彼此来说

にとってうれしいことに違いない。お年寄りたちにとって、話す相手もできるし、家事を分担する人もできる。そして、万が一けがや病気みたいなことがあったら、頼りになる人もいてくれる。（ア　それに対して）、大学生にとって、一般のアパートより家賃も安いし、食事まで用意してくれるので、もっと勉強に集中できるのではないか。調査では、異世代同居をしてみたい大学生は３６％で、その理由としては、経験の豊かな高齢者と交流し、自分の知識を広めることができるということだ。 　異世代同居は根本的に高齢者の孤独感が解消できるとは言えないが、お互いにとっていい選択肢が増えたのではないか。ただし、いいことばかりではないので、政府や企業などはそれがスムーズ（順利地）に行われるようにいろいろサポートする必要がある。	一定是很开心的事。对于老人来说，既可以有交谈的对象，也可以有人分担家务。而且，万一受伤或生病的话，也有可依靠的人。与此相对，对于大学生来说，房租也相对便宜，连饭都有人做好，不是更能集中精力学习吗？调查显示，36％的大学生希望体验跨代共居，其理由是可以与经验丰富的老年人交流，增长自己的知识。 　也许跨代共居无法从根本上消除老年人的孤独感，但对彼此来说是不是增加了好的选择呢？但是也不全是好事，为了保证其顺利发展下去，政府和企业也有必要进行支援。

36.【参考答案】C

　　【本题问题】据采访，独居的老年人面临什么样的问题？

　　【答案解析】本题考查对第一段第3~4句的句意理解。根据上文翻译，"据对独居老人的采访发现，独居老人两周以上都没有人与之说话的现象十分常见。因此，我们必须考虑如何消除独居老人们的孤独感。"可以看出独居老人所面临的是孤独问题。题目问的是：据采访，独居的老年人面临什么样的问题？由此可见，选项C正确。

37.【参考答案】B

　　【本题问题】文中的"跨代家庭共享"指代的内容是哪一项？

　　【答案解析】本题考查对第二段第2句的句意理解。根据上文翻译，"'跨代家庭共享'指的是居住在学校附近的年长者为离家求学的学生提供住所。"题目问的是：跨代家庭共享指代的内容是哪一项？由此可见，选项B正确。

38.【参考答案】D

　　【本题问题】不属于跨代共居的优点的是哪一项？

　　【答案解析】本题考查对第二段整体句意的理解。根据上文翻译，"对于老人来说，既可以有交谈的对象，也可以有人分担家务。而且，万一受伤或生病的话，也有可依靠的人。与此相对，对于大学生来说，房租也相对便宜，连饭都有人做好，不是更能集中精力学习吗？调查显示，36％的大学生希望体验跨代共居，其理由是可以与经验丰富的老年人交流，增长自己的知识。"这些都是优点。题目问的是：不属于其理由的是哪一项？可以直接选定D。由此可见，选项D正确。

39.【参考答案】C

　　【本题问题】在文中（　ア　）的位置放入哪个词最合适？

　　【答案解析】本题考查对第二段第5~7句的句意理解。根据上文翻译，"对于老人来说，既可以有交谈的对象，也可以有人分担家务。而且，万一受伤或生病的话，也有可依靠的人。（与此相对），对于大学生来说，房租也相对便宜，连饭都有人做好，不是更能集中精力学习吗？"是在将对于双方的好处进行对比叙述。题目问的是：文中（　ア　）处填入什么是最恰当的？通过前后的对比关系选定"それに対して"，由此可见，选项C正确。

40.【参考答案】A

　　【本题问题】符合文章内容的是哪一项？

　　【答案解析】本题考查对全篇的句意理解。根据上文翻译，"跨代共居对彼此来说一定是很开心的事。"选项B、C、D的表达过于绝对。题目问的是：符合文章内容的是哪一项？由此可见，选项A正确。

第三部分　语言运用

第一节

原文	中文翻译
夕方になって、牛飼いが牛を放牧地から家に41追い出そうとした時に、自分の牛の群れ（群）に野生の牛が混ざっていることに気がつきました。彼は嬉しく42てたまりませんでした。そのため、野生の牛たちを自分の家畜と43いっしょに牛舎に入れておきました。 　　次の日、44ひどい雪でした。牛飼いは牛たちをいつもの牧草地へ連れて行くことができなくて、しかたなく群れを柵（柵栏）の中に留めおきました。彼は自分の牛には最低限の餌45しか与えず、一方で新参者たちにはたくさんの餌を与えました。こうすることで、彼らを制御（驾驭，控制）できるんじゃないかと思ったからです。 　　次の日、雪が解けました。牛飼いは牛たちを牧草地へと連れて行きました。しかし、野生の牛たちは一斉に山の奥へと逃げていきました。逃げ去る牛たちを見て、「あれだけ46世話をしてやったのに逃げるなんて、恩知らず（忘恩负义）なんだ！」と大声で叫びました。	到了傍晚，养牛人打算把牛从牧场41赶回家的时候，发现自己的牛群里混着野牛。他42高兴得不得了。因此，把野牛和自己的家畜43一起关进了牛舍。 　　第二天，下了44很大的雪。养牛人不能把牛带到常去的牧场，只好把牛群留在了栅栏里。他45只给自己的牛提供最低限度的食物，而给新来的牛提供了很多食物。因为他觉得这样做可以控制他们。 　　接下来一天，雪化了。养牛人把牛带到了牧草地。但是，野牛一齐向山的深处逃去。看着逃跑的牛，他大声叫道："我那样子46照顾你们，你们竟然逃跑，真是忘恩负义！"

すると、一頭が振り向いて（回头）言いました。「私たちが47<u>気にかける</u>のはそこなんですよ。あなたは身近な牛たちより、私たちを大事にしました。もし私たちの後に他の者がやってきたら、あなたは同じく新しい方を丁寧に扱う（照顾）でしょうからね。」 牛飼いの行為は公平では48<u>なく</u>、不公平な扱いであると言えます。動物たちは皆平等に49<u>扱われ</u>なければなりません、新参者であっても古参者であっても同じように餌を与える50<u>べき</u>です。このような行為は倫理的に問題があると言っていいです。	这时，其中一头牛回过头来说道："我们47<u>担心</u>的正是这一点。和在你身边的牛相比，你更重视我们。如果我们之后有其他牛来，你也会更重视新的牛。" 养牛人的行为48<u>称不上公道</u>，可以说是不公平的对待。所有的动物都必须49<u>受到平等的对待</u>，不管是新牛还是老牛，都50<u>应该</u>一视同仁地投喂食物。可以说这样的行为在道德上是有问题的。

41.【参考答案】D

【本题考点】考查意志形相关的固定句型"V（よ）うとする"。

【答案解析】根据文章意思，"养牛人打算把牛从牧场赶回家的时候"，设问处后面有"とする"，根据句型"V（よ）うとする"，表示"即将……，打算……"。只能选择选项D，表示"即将做……，打算做……"。选项A、B、C都没有这样的用法。

42.【参考答案】D

【本题考点】考查中高级句型"～てたまらない"。

【答案解析】根据文章意思，"发现自己的牛群里混着野牛。他高兴得不得了"。所以选择D选项，"～てたまらない"意为"……得不得了"。选项A是"不可能"，选项B"極まり無い"表示"非常，极其"，选项C是"不介意"。

43.【参考答案】A

【本题考点】考查副词"いっしょに"。

【答案解析】根据上下文意思，"把野牛和自己的家畜一起关进了牛舍"。选项A"いっしょに"表示"和……一起"，选项B表示"到底，究竟"，选项C表示"满满的"，选项D表示"更加，越发"。

44.【参考答案】B

【本题考点】考查固定搭配"ひどい雪"，表示"大雪"。

【答案解析】选项A"大きい"表示"大的"，不能形容雪，选项B"ひどい雪"，表示"大雪"，选项C"弱い"表示"弱的"，选项D"小さい"表示"小的"。

45.【参考答案】C

【本题考点】考查副助词"しか～ない"。

【答案解析】根据上下文意思，"他只给自己的牛提供最低限度的食物，而给新来的牛提供了很多食物"。后文有"与えず"这一词，所以选择"しか～ない"表示"仅

仅，只有"。本题干扰选项B"だけ"也表示"仅仅，只有"，但是后面加否定时，表示"不仅仅"，选项A表示程度高，选项D表示程度低。

46.【参考答案】D

【本题考点】考查词组"世話をする"。

【答案解析】根据上下文意思，"我那样子照顾你们，你们竟然逃跑，真是忘恩负义"。选项A"平気"，意为"冷静，不在乎"；选项B"愉快"，意为"开心，愉悦"；选项C"面倒"，固定搭配"面倒を見る"，意为"照顾"，搭配不符合；选项D"世話をする"，意为"照顾"。

47.【参考答案】A

【本题考点】考查与"気"相关短语"気にかける"。

【答案解析】选项A"気にかける"，意为"担心，挂虑"；选项B"気をつける"，意为"小心，注意"；选项C"気に入る"，意为"喜欢，中意"；选项D"気がする"，意为"有……感觉"。根据上下文可知，其中一头牛回头说道："我们担心的正是这一点。"故选A。

48.【参考答案】B

【本题考点】考查"～ではなく、～"。

【答案解析】设问处在"牛飼いの行為は公平ではなく、不公平な扱いであると言えます。（养牛人的行为称不上公道，可以说是不公平地对待）"中，选项A"ないで"和选项C"ずに"，意思一样，意为"不做……而做……"；选项D"ない"，是终止形；选项B"～ではなく、～"，意为"不是……而是……"，故选B。

49.【参考答案】B

【本题考点】考查被动句型"主语は/が他V（ら）れる"。

【答案解析】根据上下文可知，"所有的动物都必须受到平等的对待"，应该选择被动态。选项A是使役被动态，选项B是被动态，选项C是使役态，选项D是可能态。

50.【参考答案】C

【本题考点】考查形式名词"～べきだ"。

【答案解析】根据上下文可知，"不管是新牛还是老牛，都应该一视同仁地投喂食物"。选项A"はず"，表推测；选项B"わけ"，表理所当然的结果；选项D"つもり"，表说话人的打算；选项C"べき"，表义务，意为"应该"，故选C。

第二节

51.【参考答案】に

【答案解析】考查格助词"に"，后可接表示心理活动的自动词。"～に夢中になる"意为"沉迷于……"。

52.【参考答案】や

【答案解析】考查副助词"や"表示举例。"沉迷于网络啦，邮件啦，游戏啦等等。"

53.【参考答案】ぶつかっ

【答案解析】考查句型"～たり～たりする"的接续。"ぶつかる"变为"た形"，即为"ぶつかった"。

54.【参考答案】社会的な

【答案解析】考查二类形容词修饰名词的用法。"社会的"是二类形容词，此处要求修饰后文的名词"問題"，由于二类形容词修饰名词的规则为"二类形容词词干+な+名词"，故答案为"社会的な"。

55.【参考答案】ちゅう

【答案解析】考查后缀"～中"的对应假名。根据文章意思，"正在走路时"，故"中"发音为"ちゅう"。

56.【参考答案】必要

【答案解析】考查单词"必要"的当用汉字。

57.【参考答案】持っている

【答案解析】考查动词修饰名词的接续。根据上下文意思，在某家公司的调查中，60%以上有手机的人有边走路边使用手机的经历。拥有是结果状态，故使用"持っている"。

58.【参考答案】使用した

【答案解析】考查对句型"Vたことがある"的识别及动词"た形"变形。根据上下文意思，曾经有过使用智能手机的经历。句型"Vたことがある"，意为"曾经做过某事"，故使用"使用した"。

59.【参考答案】付けられ

【答案解析】考查动词的被动态变形。根据上下文意思，作为智能手机的功能，邮件、地图、通话是被排在前面的。故此处使用被动态。

60.【参考答案】と

【答案解析】考查助词"と"表示内容。前文有"歩く凶器"，加了引号，表示引用的内容。

第四部分　写作

第一节　范文

山	下	先	生																
拝	啓																		
	二	年	三	組	の	李	明	と	申	し	ま	す	。	日	本	語	ク	ラ	ブ	の	ボ	ラ	ン	ティ
ア	募	集	に	参	加	し	た	い	と	思	い	ま	す	。	私	は	日	本	語	N	2	試	験	に

合格したので、日本の留学生と交流する時、うまく対応できると信じています。

　今回の機会をいただければ、幸いです。

敬具

　2024年6月8日

李　明

第二节　范文

　　　　　　　　去年の振り返り

　皆さん、こんにちは。これから去年の振り返りについて話したいと思います。

　去年の学校生活は辛いこともあれば、楽しいこともありました。最初は勉強に追われて、大変でしたが、先生とクラスメートが支えてくれて、今ではもうすっかり慣れました。それに教室に入ってから自主的に勉強するようになりました。その他に、一番思い出に残っているのが運動会でした。皆は協力し合いながら様々な競技の進行の手伝いをしたり、競技に取り組んだりしました。楽しい行事でした。

　充実した高校生活を送るために、今年から予めに計画を立てて、毎日小さな目標を達成していこうと思います。それに豊かな大学生活のために、怠けずに一緒に頑張りましょう。

新高考日语模拟卷（五）

答案速览 ▶

第一部分　听力

1	2	3	4	5	6	7	8	9	10	11	12	13	14	15	16	17	18	19	20
B	C	B	A	B	C	B	C	B	C	B	B	C	B	A	A	A	C	B	C

第二部分　阅读

21	22	23	24	25	26	27	28	29	30	31	32	33	34	35	36	37	38	39	40
D	D	A	B	C	D	B	C	A	D	B	C	C	A	A	C	D	B	B	A

第三部分　语言运用

第一节

41	42	43	44	45	46	47	48	49	50
C	B	C	D	B	A	A	B	A	C

第二节

51	52	53	54	55
で	ある	に	く	異

56	57	58	59	60
育つ	難しさ	構築され	を	積極的に

听力原文 ▶

1.

女：山下君、今日は図書館に行きますか。

男：いや、研究室に行くんです。資料を集めなくちゃ。

女：研究室？あの白いビルの２階ですよね。

男：ええ、そうです。

2.

女：この青いシャツがいいですね。いくらですか。

男：三千円です。

女：あの赤いハンドバッグは？

男：五千円ですが、シャツを買うならハンドバッグは半額です。

女：じゃ、青いシャツと赤いハンドバッグをお願いします。

3.

男：昨日、果物を買いに行って、リンゴ二つとオレンジ四つを買ったんだ。

女：へえ、じゃあ、今日は何を買ったの？

男：今日はちょっと予算がないから、昨日の半分買ったよ。

4.

男：美術館、いつ行く？

女：日曜日は休みだよね。

男：うん、じゃ、土曜日の午前はどう？

女：アルバイトがあるんだ。午後は大丈夫だけど。

男：じゃ、一緒に昼ご飯を食べて美術館へ行こうか。

女：いいよ。１１時半に蕎麦屋で会おう。

男：わかった。

5.

男：新しい携帯を買ったの？

女：うん、最近、携帯の画面が大きくなって、色も鮮やかになったんだ。

男：なんで新しい携帯を買ったの？

女：うーん、昔の携帯が重過ぎて、大変だったから。

6~8.

女：課長、もうお帰りですか。

男：うん、今日はスポーツジムに行くんだ。

女：いいですね。ジムはどこですか。

男：会社の近くにあって、歩いて５分で行ける。

女：えっ、そうですか。最近太ってきましたから、私も行ってもいいですか。

男：うん、いいよ。運動を始めてからストレスを解消することもできて、本当に体にいいね。

9~11.

男：花子さん、私は夏休みにボランティア活動に参加するつもりです。北山公園でゴミ拾い
　　を計画しています。

女：ゴミ拾い？環境保護ですね。他に何がありますか。

男：ええ、ボランティア活動はいろいろありますよ。最近旅行者が多くて、ゴミが増えてい
　　るので、自分にできる簡単なことから少しずつ始めていきたいです。

女：いつですか。

男：７月の２週目、土曜日の午後３時からです。一緒に行きませんか。

女：その日はちょうど暇ですから、私も参加してみましょう。

12~14.

男：小野さんは入院したそうですよ。土曜日、何か買ってお見舞いに行きましょう。

女：ええ、果物はどうですか。

男：食べやすい果物だったらいいと思いますけど、小野さんが甘い物に目がないので、お菓子を持って行けば、きっと喜ぶでしょう。

女：そうですね。じゃ、お菓子にしましょう。田中さんに買ってもらえませんか。

男：はい、任せてください。私たちは何時に出発しますか。

女：午前中は予定が取れません。昼過ぎだったらどうですか。

男：午後はいいですね。私は1時半ごろ先にお菓子を買いに行きます。

女：じゃ、午後2時に古山駅で会いましょう。

男：はい、わかりました。

15~17.

男：春節にはどこへ旅行に行く？

女：ハルビンに行きたいけど、李さんは？

男：ぼくは雲南省へ行きたい。暖かくて魅力的なお祭りがあるから。

女：そうだけど、ハルビンの氷祭りも有名だし、美しい写真も撮れるわ。

男：そうか。じゃ、ハルビンに行こう。旅行の日程は決めた？

女：春節の最初の三日間はどう？

男：いいよ。どうやって行く？

女：飛行機でいこう。速いし、快適だと思う。

男：賛成！そうしよう。

18~20.

女：最近、高校生の睡眠習慣に関する調査が実施されました。調査の結果により、多くの高校生が「今の睡眠時間では足りていない」と思っていることがわかりました。8割の高校生が24時ごろ寝ます。それは勉強や進学や人間関係などのいろいろな悩みで、眠れないからです。それに、学校にいるので、朝6時半ごろ起きなければなりませんから、睡眠不足になります。高校生が健康のために、8時間以上の睡眠が必要だとされています。また、寝る前にスマホを使わないほうがいいでしょう。

答案詳解

第一部分　听力

第一节

1.【参考答案】B

　　【本题问题】男子要去哪里？

　　【答案解析】男：研究室に行くんです。（去研究室。）此题考查提取具体信息，故答案选 B（研究室）。

2.【参考答案】C

【本题问题】女子买了什么？

【答案解析】女：じゃ、青いシャツと赤いハンドバッグをお願いします。（请给我蓝色衬衫和红色手提包。）此题考查提取具体信息，故答案选C（蓝色衬衫和红色手提包）。

3.【参考答案】B

【本题问题】男子今天买了多少水果？

【答案解析】男：昨日、果物を買いに行って、リンゴ二つとオレンジ四つを買ったんだ。（昨天去买水果，买了2个苹果和4个橙子。）女：へえ、じゃあ、今日は何を買ったの。（今日买了什么？）男：今日はちょっと予算がないから、昨日の半分買ったよ。（今天钱不够，所以买了昨天的一半。）此题考查简单逻辑推断，根据关键句"昨日の半分"推断出"リンゴ一つとオレンジ二つ"，故答案选B（3个）。

4.【参考答案】A

【本题问题】两个人几点会面？

【答案解析】女：１１時半に蕎麦屋で会おう。（11点半在荞麦面馆见面。）此题考查提取具体信息，故答案选A（11点半）。

5.【参考答案】B

【本题问题】女子为什么买新手机？

【答案解析】女：うーん、昔の携帯が重過ぎて、大変だったから。（因为以前的手机太重，太麻烦了。）此题考查提取具体信息，故答案选B（以前的手机太重，太麻烦了）。

第二节

6.【参考答案】C

【本题问题】健身房在哪里？

【答案解析】男：会社の近くにあって、歩いて５分で行ける。（在公司的附近，步行5分钟可以到。）此题考查提取具体信息，故答案选C（公司附近）。

7.【参考答案】B

【本题问题】女子去健身的理由是什么？

【答案解析】女：えっ、そうですか。最近太ってきましたから、私も行ってもいいですか。（因为最近胖了，我也可以去健身吗？）此题考查提取具体信息，故答案选B（因为最近胖了）。

8.【参考答案】C

【本题问题】男子说运动会有什么效果？

【答案解析】男：運動を始めてからストレスを解消することもできて、本当に体にいいね。

（开始运动后可以消除压力，真的对身体好。）此题考查提取具体信息，故答案选C（消除压力）。

9. 【参考答案】B

【本题问题】男子参加什么志愿者活动？

【答案解析】男：花子さん、私は夏休みにボランティア活動に参加するつもりです。北山公園でゴミ拾いを計画しています。（花子，我暑假打算参加志愿者活动。计划在北山公园捡垃圾。）此题考查提取具体信息，故答案选B（捡垃圾）。

10. 【参考答案】C

【本题问题】男子参加志愿者活动的原因是什么？

【答案解析】男：ええ、ボランティア活動はいろいろありますよ。最近旅行者が多くて、ゴミが増えているので、自分にできる簡単なことから少しずつ始めていきたいです。（是的，志愿者活动有很多，但最近因为游客增多，垃圾激增，所以我想从自己力所能及的事情一点一点做起。）此题考查提取具体信息，根据关键句"最近旅行者が多くて、ゴミが増えているので"，故答案选C（因为游客增多，垃圾激增）。

11. 【参考答案】B

【本题问题】志愿者活动在什么时候？

【答案解析】男：７月の２週目、土曜日の午後３時からです。（7月的第2周，星期六的下午3点开始。）故答案选B（7月的第2周）。

12. 【参考答案】B

【本题问题】两个人什么时候去探望（小野）？

【答案解析】此题考查简单逻辑推断，男：小野さんは入院したそうですよ。土曜日、何か買ってお見舞いに行きましょう。（听说小野住院了，星期六，买点什么去探望她吧？）再根据女：じゃ、午後２時に古山駅で会いましょう。（那么下午2点在古山站见面。）可以推断出约定的时间是"星期六的下午2点"，故答案选B（星期六的下午）。

13. 【参考答案】C

【本题问题】两个人打算给小野送什么？

【答案解析】男：食べやすい果物だったらいいと思いますけど、小野さんが甘い物に目がないので、お菓子を持って行けば、きっと喜ぶでしょう。（虽然容易食用的水果也不错，但是小野喜欢甜食，带点心去的话，她一定很开心。）女：そうですね。じゃ、お菓子にしましょう。（是啊，那就选点心吧。）此题考查提取具体信息，故答案选C（点心）。

14. 【参考答案】B

【本题问题】男子去探望（小野）之前先做什么？

【答案解析】男：午後はいいですね。私は１時半ごろ先にお菓子を買いに行きます。（下

午没问题。我1点半左右先去买点心。）此题考查简单逻辑推断，根据这句话，可以推断出男子要先去买点心，故答案选B（先买点心）。

15.【参考答案】A

【本题问题】两个人打算去哪里旅行？

【答案解析】男：そうか。じゃ、ハルビンに行こう。（是吗？那我们就去哈尔滨吧。）此题考查提取具体信息，根据会话内容，虽然男子刚开始说想去云南"ぼくは雲南省へ行きたい"，但最后还是决定一起去哈尔滨，故答案选A（哈尔滨）。

16.【参考答案】B

【本题问题】两个人打算什么时候出行？

【答案解析】女：春節の最初の三日間はどう？（春节的前三天怎么样？）男：いいよ。（可以。）根据这段话，故答案选B（春节的最初三天）。

17.【参考答案】A

【本题问题】坐什么交通工具去？

【答案解析】女：飛行機でいこう。速いし、快適だと思う。（坐飞机去，又快又舒适。）故答案选A（飞机）。

18.【参考答案】C

【本题问题】24点左右睡觉的高中生的比例是多少？

【答案解析】女：８割の高校生が２４時ごろ寝ます。（8成的高中生24点左右睡觉。）"８割"就是"8成"，故答案选C（80%）。

19.【参考答案】B

【本题问题】高中生平时睡不着的原因是什么？

【答案解析】女：それは勉強や進学や人間関係などのいろいろな悩みで、眠れないからです。（那是因为学习、升学、人际关系等各种烦恼，所以睡不着。）故答案选B（因为有各种各样的烦恼）。

20.【参考答案】C

【本题问题】高中生为了保持健康最好做什么？

【答案解析】女：高校生が健康のために、８時間以上の睡眠が必要だとされています。また、寝る前にスマホを使わないほうがいいでしょう。（高中生为了保持健康，要睡8小时以上。另外，睡觉之前最好不要玩手机。）此题考查提取具体信息，根据这句话，可以排除选项A"１０時間以上の睡眠をとる（10小时以上的睡眠）"和选项B"悩みを抱えて深く考える（面对烦恼，深入思考）"，故答案选C（睡觉之前最好不要玩手机）。

（一）

原文	中文翻译
中学校の頃、私は自信がありませんでした。そのため、勉強や部活、合唱コンクール（比赛）など、さまざまなことに挑戦し、努力を怠らないで不安を解消するようにしていました。しかし、自分の気持ちよりも周りの人たちを気にしすぎて、心の中で自分を見失っていました。<u>そんな私を支えてくれたのは担任の先生でした</u>。先生は笑顔で、明るくて元気満々で、彼からの言葉はいつも楽観的でした。 　　卒業式で先生から手紙をもらいました。その手紙はとても長く、私の良いところや努力をたたえる（称赞）内容でした。手紙を読んで涙があふれ、何度も<u>繰り返して</u>読みました。自分に自信がなく、誰も私を見てくれないと感じていた私が、初めて3年間の自分を認めることができた瞬間でした。その時、私は先生のようにいつも笑顔で明るくいたいと決意しました。辛い時や（ア　迷った）時、手紙を読むと勇気が湧いてきます。高校でも、先生の言葉を心に留め、少しずつ自信をつけるようになりました。 　　先日の同窓会では先生と会いました。先生からの手紙で救われたことを話すと、<u>笑みを浮かべました</u>。これから先の人生で大変なことがあるかもしれませんが、青春時代を支えてくれた先生からの手紙を励みに、明るく前向きに生きていきたいと思います。	我在中学时很没有自信。因此，我尝试了学习、社团活动、合唱比赛等各种事情，并试图通过努力不断缓解焦虑。然而，相比于自己的内心感受我似乎更加在意别人的看法，便迷失了自我。是我的班主任支持着那时的我。老师总是面带微笑，开朗而精力充沛，他说的话总是积极乐观的。 　　毕业典礼上，我收到了老师的一封信。这封信很长，信里老师肯定了我的优点和努力。读罢这封信后我热泪盈眶，又反复读了好多遍。过去我总对自己没有信心，觉得没有人在意我，但这是三年来我第一次能够认可自己的时刻。那时，我决定要永远像我的老师一样开朗，保持微笑。难受或迷茫时，读这封信就会让我重拾勇气。到了高中，我也把老师的话记在心里，逐渐找到了自信。 　　前几天，我在同学聚会上见到了老师。当我告诉老师我被他的一封信拯救了的时候，他笑了。虽然将来我的生活也许会遇到困难，但我一定会以支撑我青春时代的老师的来信作为精神支柱，积极阳光地生活下去。

21.【参考答案】D

　　【本题问题】文中的"那样的我"是什么样的人？

　　【答案解析】本题考查对第一段第2~3句的句意理解。根据上文翻译，题目问的是："我"当时的状态，故应是"迷失了自我的人"。由此可见，选项D正确。

22.【参考答案】D

　　【本题问题】文中说到"反复阅读"，这是为什么？

　　【答案解析】本题考查对第二段第2~3句的句意理解。结合上文，题目问的是："我"反复读信的原因，是"热泪盈眶"，"这是三年来我第一次能够认可自己的时

刻"，故应是"因老师的话语而感动"。由此可见，选项D正确。

23.【参考答案】A

　【本题问题】在文中（　ア　）的位置放入哪个词最合适？

　【答案解析】本题考查对第二段第6句前后逻辑关系的理解。题目问的是：文章前后文如何衔接的问题。根据前文的"辛い時"，故应是与之对应的词。选项A"迷茫的"，选项B"生气的"，选项C"开心的"，选项D"羞愧的，不好意思的"，由此可见，选项A正确。

24.【参考答案】B

　【本题问题】文中的"露出微笑"，是谁的微笑？

　【答案解析】本题考查对第三段第2句的句意理解。根据上文翻译，题目问的是：露出微笑的动作主体是谁？前文提及"我"在同学聚会上遇到老师，和他说了信件的事情，由此可见，是老师的微笑，选项B正确。

25.【参考答案】C

　【本题问题】作者最想表达的是什么？

　【答案解析】本题考查对作者观点态度的理解。根据上文翻译，题目问的是：作者最想表达什么，是老师给予的支持，是作者从书信中得到的"信心"。故应是"表达对老师的感激之情"。由此可见，选项C正确。选项A意为"表扬的话语会改变人生"，选项B意为"没有自信的时候应当努力"，选项D意为"中学时我很有自信心"。

（二）

原文	中文翻译
幸せな生活をずっと続けるにはどうすればよいのか。ある心理学教授の研究によると、人それぞれの幸福度の違いのうち、５２％が遺伝で決定され、生物学上の親から受け継いだ（継承）そうだ。「裕福か、貧乏か」「健康か、病気がちか」といった生活環境は幸福度の１０％しか占めない。残りの３８％が意図的な行動にある。（ア　つまり）、３８％は私たちがコントロールできる。極めて幸福な人が自然にどんな行動をとり、どんな考え方をしているかを調査すれば、幸せに至る鍵が明らかになるはずだ。	我们怎样才能一直过上幸福的生活？根据一位心理学教授的一项研究，每个人幸福水平的差异有５２％是由遗传决定的，并且是从亲生父母那里遗传的。"富人或穷人"和"健康或易患病"等生活条件仅占幸福感的10%。剩下的38%由意志决定。也就是说，38%能够由我们控制。如果我们研究极度幸福的人自然而然地采取何种行动和思维方式，我们将能够发现幸福之钥。
では、どうすれば良いだろうか。まず相当な時間を家族や友人と共にし、その人間関係を大切にして満喫することだ。人と助け合ったり、感謝の気持ちを表したりする。そして、現在の喜びを十分に楽しみ、一生を通じた目標や夢があれば全力	那么，我们该怎么办呢？首先，花很多时间与家人和朋友在一起，珍惜和享受这些关系。帮助他人并表达感激之情。然后，充分享受当下的快乐，如果你有终生的目标和梦想，就

を傾ける。苦境に陥ったら落ち込むが、積極的な考え方で直面する。未来についてはいつも明るいほうに考えていく。最後に、運動することを習慣化することも大事である。　こんなことは「普段できていない」「できそうもない」と思ってしまうかもしれない。でも、そのすべてをする（イ　必要はない）。今の自分に役立ちそうな方法を1つか2つ選んで始めよう。今日から効果的な手段を使えば、幸福度によい影響を与えられるはずだ。	全力以赴。当你陷入困境感到失落时，请以积极的态度应对。请一直以阳光的心态去思考未来。最后，养成锻炼身体的习惯也很重要。　你可能认为"通常做不到"，或者"好像根本做不成这种样子"。但你没必要把所有这些方法都做一遍。选择一两种可能适合你的方法，然后开始。如果从今天开始采取有效的措施，应该就能提高自己的幸福水平。

26.【参考答案】D

　　【本题问题】关于"每个人的幸福水平"的描述不正确的是哪一项？

　　【答案解析】本题考查对第一段的句意理解。选项A意为"人们从父母那里继承幸福水平"，选项B意为"生活环境会影响一个人的幸福水平"，选项C意为"幸福是可以被一个人的意图改变的"，选项D意为"同一个家庭的孩子有相同的幸福水平"。根据上文翻译和各选项的句意，题目问的是：每个人的幸福感。依据文章，幸福感的决定因素不只有家庭。由此可见，选项D是本题答案。

27.【参考答案】B

　　【本题问题】在文中（　ア　）的位置放入哪个词最合适？

　　【答案解析】本题考查对第一段前后文结构的理解。根据上文翻译，题目问的是："剩下的38%由意志决定"和"38%能够由我们控制"两句的逻辑关系，后项是前一项的另一种说法，故应是"也就是说"。由此可见，选项B正确。选项A意为"但是"，选项C意为"或者"，选项D表示转换话题，意为"话说回来"。

28.【参考答案】C

　　【本题问题】符合文中的"幸福之钥"的行为是哪一项？

　　【答案解析】本题考查对第二段的句意理解。根据上文翻译，题目问的是："幸福之钥"的具体所指。符合第二段中所谈到的"幸福之钥"是"享受人生的喜悦"，由此可见，选项C正确。选项A意为"一个人生活"，选项B意为"赚很多钱"，选项D意为"充分利用自己的时间"。

29.【参考答案】A

　　【本题问题】在文中（　イ　）的位置放入哪个词最合适？

　　【答案解析】本题考查对第三段第1~2句前后逻辑关系的理解。根据上文翻译，题目问的是：文中（　イ　）的位置放入的短语。前文意为"把所有这些方法都做一遍"，后文意为"选择一两种可能适合你的方法"，因此填空处应填入"没必要"，由此可见，选项A正确。选项B意为"有必要"，选项C意为"不害怕"，选项D意为"恐怕……"。

30.【参考答案】D

【本题问题】作者最想表达的是什么？

【答案解析】本题考查对文章整体的理解。选项A意为"幸福水平是由父母决定的"；选项B意为"通过心理学研究得到了有效的方法"，并非作者最想表达的观点；选项C意为"希望大家尝试所有变得幸福的方法"，与文中表述不符；选项D意为"人类有能力采取行动并把握自己的幸福"。根据上文和各选项翻译，题目问的是：作者最想表达什么？即"人类有能力采取行动并控制自己的幸福"。由此可见，选项D正确。

（三）

原文	中文翻译
私たちは普段の言葉遣いをどれだけ意識しているか。おそらく、すべての言葉を慎重に選んでいないだろう。無意識につぶやいたり（小声嘟囔）、特に注意せずに声をかけたりすることがある。しかし、日常的に使う言葉は、想像以上の影響を与えているかもしれない。 アメリカで行われた心理学実験では、学生を2つのグループに分けて語彙テストを行った。 グループAには「攻撃的、近視眼的、失礼、不快」などの単語が含まれ、グループBには「礼儀正しい、親切、丁寧、忍耐強い（耐心）」などの単語が含まれる。テスト終了後はアンケートに記入して担当者に提出していただく。そして、そのとき、学生たちに「担当者の前に来るとき、決められた順番に従う。前の人を超えてはいけない。」と伝えておいた。 ここからが本当の実験だ。学生がアンケートを持って担当者のところへ行くと、担当者は他の人（実験協力者）と話していた。そこで、学生がどれくらい待てるかを比較してみた。否定的な単語を含むテストを受けたほとんどの生徒は5分以上待つことができず、担当者が他の人と話しているときに会話を中断させた。それに対して、グループBの学生の82％は会話を中断させなかった。言い換えれば、テストに否定的な言葉が含まれるだけで、人は冷静さを失い、他人に共感することが困難になることがわかった。	我们平常在多大程度上会意识到自己的措辞？恐怕没有仔细选择每个词吧。我们可能会无意识地小声嘟囔或不经思考地和别人打招呼。但是，我们日常的遣词造句产生的影响比想象中要大。 在美国进行的一项心理学实验中，学生被分成两组，并进行了词汇测试。 A组包括"咄咄逼人、目光短浅、粗鲁和令人讨厌"等词，而B组包括"礼貌、善良、郑重、耐心"等词。完成测试后，学生将被要求填写一份问卷并将其提交给负责人。并且项目组已经提前告知学生："当你走到负责人面前时，要按照规定的顺序行事，不要超越你前面的人。" 这里开始才是真正的实验。当学生带着问卷去找负责人时，负责人正在与另一个人（实验助手）交谈。因此，我们比较了学生可以等待多长时间。大多数词汇测试中含有否定词语的学生等待不超过5分钟，他们会在负责人与他人交谈时打断谈话。相比之下，B组中有82%的学生没有打断谈话。换而言之，只是依靠测试中的消极词语就可以导致一个人失去冷静，并使它变得难以与他人产生共情。

つまり、語彙テストに出てくる単語だけでこれほどの効果があるということだ。では、日常会話ならもっと大きな影響を与えるのではないだろうか。	也就是说，仅词汇测试中出现的单词就具有这样的效果。那么，日常对话难道不会产生更大的影响吗？

31.【参考答案】B

【本题问题】关于文中"平时的用词"的正确表述是哪一项？

【答案解析】本题考查对第一段的句意理解。根据上文翻译，题目问的是：平时的用词习惯是什么？即"恐怕没有仔细选择每个词吧"，故应是"平常的用词是无意识的"。由此可见，选项B正确。选项A意为"我们仔细地选择每个词"，选项C意为"我们总是依据谈话对象考虑措辞"，选项D意为"文字的使用不影响日常交流"。

32.【参考答案】C

【本题问题】文中的"心理学实验"的目的是什么？

【答案解析】本题考查对第二、三、四段大意的理解。根据上文翻译，题目问的是："心理学实验"的目的，由第四段的段首提示"这里开始才是真正的实验"，即"测试学生是否会去打断他人"，故应是"调查用词的影响"，由此可见，选项C正确。选项A意为"调查学生礼仪是否得当"，选项B意为"调查学生的词汇水平"，选项D意为"调查学生对词汇的理解程度"。

33.【参考答案】C

【本题问题】文中有"記入して（填写）"，是由谁来填写？

【答案解析】本题考查对第三段第1~2句的句意理解。根据上文翻译，题目问的是："填写"这一行为的动作主体。理解句意可知，学生在测试结束后，填写问卷调查，然后递交给负责人，故应是"所有学生"。由此可见，选项C正确。

34.【参考答案】A

【本题问题】铃木当时中断了谈话，他接受的测试中有哪个词语的可能性较高？

【答案解析】本题考查对第三、四段实验过程的理解。根据上文翻译，题目问的是：铃木属于哪个小组，参加了哪一类的测试。由其中断行为可知，他极有可能参加了包含负面词语的那一组，故应是"没礼貌"。由此可见，选项A正确。

35.【参考答案】A

【本题问题】作者最想表达的是什么？

【答案解析】本题考查对文章整体的理解。根据上文翻译，题目问的是：作者的观点态度，即"词语的选择对行为有影响"。由此可见，选项A正确。选项B意为"不准使用负面的词汇"，选项C意为"日常对话中，没有必要注意措辞"，选项D意为"不应当打断别人说话"。

原文	中文翻译
ロボットやＡＩ、即ち、人工知能の進化によって、私たちの未来はどのように変わっていくのだろうか。すでに産業用ロボットや掃除ロボットを利用する人もいるかもしれない。 　ロボットが人間の仕事を補助・代替することで、労働力を確保できると考えられている。特に日本では、労働力不足を解消するため、企業が積極的にロボットを導入するだろう。例えば、工場内などで物を搬送するモバイルロボットはすでに利用されている。そのような未来では、ロボットが普及し、人間と共に作業することが<u>一般的に</u>なるかもしれない。また、ロボットによる翻訳技術が進歩し、多言語対応のコミュニケーションロボットが普及すれば、<u>言葉の壁が低くなる</u>。そうなれば、国を越えたビジネスや旅行などが活発化し、グローバル化が進展する。 　さらに、ロボットは人々の生活を豊かにする。産業用ロボットは作業スピードが速く、２４時間稼働（工作）が可能なため、生産性を向上させる。また、サービスロボットを活用すれば、掃除や介護（护理）などの負担を減らし、自由な時間を増やす。 　ロボットは人々の自由な時間を増やし、生活の利便性を高めるなど、さまざまな分野での利用が期待されているが、<u>否定的な側面</u>もある。例えば、人間は仕事を奪われるか、ＡＩによる失業が起こるかといった問題も議論されている。そのため、ロボットやＡＩの利用については慎重に考える必要がある。人間中心のロボット利用が、豊かな未来を築くために不可欠だ。	机器人和 AI（人工智能）的发展将如何改变我们的未来？有些人可能已经在使用产业型机器人和清洁机器人了。 　人们认为，机器人可以通过协助和替代人类工作来满足劳动力需求。特别是在日本，企业将积极引进机器人来解决劳动力短缺问题。例如，移动机器人已经被用于在工厂中运输物资。在这样的未来，机器人可能将会普及，与人类一起工作可能会变得司空见惯。此外，如果机器人的翻译技术进步，多语言交流机器人能够普及的话，语言壁垒将降低。如果那样的话，跨境商务和旅行将变得更加活跃，全球化将取得进展。 　此外，机器人丰富了人们的生活。工业机器人工作速度更快，可以 24 小时运行，提高生产力。此外，服务型机器人的使用将减轻清洁和护理的负担，增加人类的空闲时间。 　机器人有望在各个领域得到应用，增加人们的空闲时间，提高生活的便利性，但也有消极的方面。例如，人类是否会被抢走工作，AI 是否会导致失业问题等都存在争议。因此，有必要慎重考虑机器人和 AI 的使用问题。以服务人类为中心使用机器人，将是构建未来繁荣社会必不可少的一环。

36.【参考答案】C

　　【本题问题】文中说的"一般情况"具体指什么？

　　【答案解析】本题考查对第二段第4句的句意理解。根据上文翻译，题目问的是："一般情况"所指的内容，即"机器人普及，和人类一起工作"，故应是"机器人和人类一起工作"。由此可见，选项C正确。选项A意为"劳动力不足的问题被解决"，选项B意为"企业引入机器人"，选项D意为"机器人运输物资"。

37.【参考答案】D

　　【本题问题】文中说"语言壁垒将降低"，它的结果是什么？

　　【答案解析】本题考查对第二段第5~6的句意理解。根据上文翻译，题目问的是："语言壁垒降低导致的结果"，即"跨境商务和旅行将变得更加活跃，全球化将取得进展"，故应是"全球化进展"。由此可见，选项D正确。选项A意为"翻译技术进步"，选项B意为"多语种机器人普及"，选项C意为"海外旅行将成为可能"，应当为"海外旅游变得活跃"。

38.【参考答案】B

　　【本题问题】文中说的"消极的方面"具体指什么？

　　【答案解析】本题考查对第四段第2~3句的句意理解。根据上文翻译，题目问的是："消极的方面具体所指"，即"人类是否会被抢走工作""AI是否会导致失业问题"，故应是"AI导致的失业问题"。由此可见，选项B正确。选项A意为"生产效率的提高"，选项C意为"国际贸易的活跃"，选项D意为"生产时间的增加"。

39.【参考答案】B

　　【本题问题】如果要经营养老院，最推荐哪一款机器人？

　　【答案解析】本题考查对文章中各种机器人功能的理解。根据上文翻译，题目问的是：适合养老院的机器人类型。选项A"产业型机器人"用于工厂，可提高生产效率；选项B"服务型机器人"，可以减轻打扫、看护的负担；选项C"移动型机器人"用于工厂搬运；选项D"交流型机器人"用于增进多语言交流。故应是"服务型机器人"。由此可见，选项B正确。

40.【参考答案】A

　　【本题问题】符合文章内容的是哪一项？

　　【答案解析】本题考查对文章细节的理解。根据上文翻译，题目问的是：与文章内容相符的内容。选项A意为"关于机器人的使用应当慎重考虑"，选项B意为"如果机器人普及，人类一定失业"，选项C意为"如果去国外旅行，移动型机器人比较好"，选项D意为"随着产业型机器人的普及，工作时间会增加"。故应是"关于使用的问题应当慎重考虑"，由此可见，选项A正确。

第三部分　语言运用

第一节

原文	中文翻译
２００４年から発行されている千円札の表面には、野口英世の肖像が <u>41 描かれているが</u>、その前は夏目漱石の肖像でした。お札に描かれる <u>42 ほど</u>	2004 年发行的 1000 日元钞票正面 41 画着野口英世的肖像，但在此之前是夏目漱石的肖像。虽然他是被印

の人物でありながら、漱石の生涯は、金銭の苦労が絶えませんでした。人生の43多くの選択にもお金が判断材料になっていたのでした。文豪44といえば、漱石は日本を代表する小説家だと誰もが思います。『坊っちゃん』は松山の中学校教師の体験を45もと にした漱石の代表作です。主人公の独白が独特のリズムで展開され、私が音読にもお46すすめしている小説です。臨場感のあるリズムは、落語が大好きだった漱石にしかできない表現と言ってもいいでしょう。

漱石は１８６７年２月９日、現・新宿区喜久井町に生まれました。この日は庚申の日で、生まれた子供は47出世するが、そうでなければ大泥棒になるという謂れがありました。漱石が生まれた時、父は老境の５０歳、母は４１歳で、漱石は、夏目家には必要とされない子供だったのです。14歳の時に実母が亡くなりました。48また、漱石を応援してくれた長兄も結核にかかり、漱石が２０歳の時に亡くなりました。長兄には警視庁に49つとめている樋口則義の長女の夏子と縁談がありました。漱石は警視庁の翻訳係をしながら、学費の援助を50もらいました。そのあとは周知のように、作家としては順風満帆でしたが、このような家庭環境が、若い漱石に伸し掛かっていた（压在心头上）のでした。

在钞票上那种42程度的人，但夏目漱石的生活却被金钱所困。他人生的43众多走向也被金钱所左右。44说到文学巨匠，大家都会认为夏目漱石是可以代表日本的作家之一。《少爷》是漱石的代表作，是45根据他在松山中学教书的经历创作而成的。主人公的独白以独特的节奏展开，这是一部我46推荐大声朗读的小说。可以说，有身临其境感的语言节奏是只有热爱落语的漱石才能写出来的。

漱石于1867年2月9日出生于日本新宿区喜久井町。那天是庚申的日子，有一种说法是，那天出生的孩子会47出人头地，但如果没有，他就会成为一个大盗。漱石出生时，父亲50岁，母亲41岁，漱石是不被夏目家族需要的孩子。在他14岁的时候，他的亲生母亲去世了。48此外，支持漱石的大哥也染上了肺结核，在漱石20岁时去世了。大哥曾与在警视厅49工作的樋口则义的长女谈婚论嫁。漱石一边担任警视厅翻译，一边50获得学费资助。在此之后，夏目漱石便和大家熟知的一样，他作为作家一帆风顺，但这样的家庭环境对于年轻时的漱石却是压在心头的负担。

41.【参考答案】C

　　【本题考点】考查补助动词"～ている"表示状态的持续。

　　【答案解析】设问处在"千円札の表面には、野口英世の肖像が（千元面值上，野口英世的肖像）"之后，说明要填"被画着"，故需要用被动态加"ている"表示状态。

42.【参考答案】B

　　【本题考点】考查副助词"ほど"表示程度高。

　　【答案解析】设问处在"お札に描かれる（印在钱上）"和"の人物（的人物）"之间，说明要填的表示程度高的"ほど"。

43.【参考答案】C

　　【本题考点】考查形容词变形。

　　【答案解析】设问处在"選択"前面，说明要填的是修饰名词的变形。故排除选项B和D，"多い"修饰名词时，需要变形为"多く"加"の"，故选项C是正确答案。

44.【参考答案】D

　　【本题考点】考查句型和文章理解。

　　【答案解析】设问处在"文豪（文豪）"和"漱石は日本を代表する小説家だと誰もが思います（都会认为漱石是可以代表日本的作家）"之间。说明要填的是"说到……的话"，故选项D为正确答案。选项A"とはいえ"，选项B"といっても"，选项C"からといって"均意为"虽说"。

45.【参考答案】B

　　【本题考点】考查形式名词"もと"和句意理解。

　　【答案解析】设问处在"中学校教師の体験を"和"にした漱石の代表作"之间，可知考查形式名词"もと"的相关句型"～をもとにして"，意为"以……为基础，以……为原型"。

46.【参考答案】A

　　【本题考点】考查敬语语法和动词词意。

　　【答案解析】设问处在"私が"后面。"おすすめしている"意为"我推荐的"。选项B"勧める"意为"劝告，建议"，但不符合中顿形构成自谦句式；选项C"進む"是自动词，意为"进展"，与句意不符；选项D"進む"意为"前进"，故不正确。

47.【参考答案】A

　　【本题考点】考查句意理解。

　　【答案解析】根据设问处后面的"そうでなければ大泥棒になる（不然就会成为一个大盗）"可知前面需要填写积极正面的发展。选项A"出世する"意为"出人头地"，选项B"ダメになる"意为"变得没用"，选项C"悪くなる"意为"变坏"，选项D"出場する"意为"出场，参加"。故选项A为正确答案。

48.【参考答案】B

　　【本题考点】考查连词"また"和句意理解。

　　【答案解析】结合前后文，"14歳の時に実母が亡くなりました（在他14岁的时候他的亲生母亲去世了）"和"漱石を応援してくれた長兄も結核にかかり、漱石が２０歳の時に亡くなりました（支持漱石的大哥也染上了肺结核，在漱石20岁时去世了）"之间应为并列关系。故答案为B。选项A"ところが"意为"然而"，选项C"それとも"意为"或者"，选项D"ところで"表示转换话题。

49.【参考答案】A

　　【本题考点】考查动词词意。

　　【答案解析】设问处在"警視庁に"后面，说明要填的是表达就职的词语。选项A"つとめている（勤める）"意为"工作，任职"；选项B"はたらいている（働く）"意为"工作"，搭配为"～で働く"；选项C"とおっている（通"

る）"意为"通过，经过"；选项D"つうじている（通じる）"意为"（交通、通信等）相通"。

50.【参考答案】C

【本题考点】考查授受表现和句意理解。

【答案解析】"漱石は警視庁の翻訳係をしながら、学費の援助を__50__ました。"意为"漱石一边担任警视厅翻译，一边__50__学费资助"。结合第一段第2~3句以及第二段最后一句的句意可知当时漱石的家境不好，因此可知是"得到资助"，因此使用授受动词"もらう"（得到）。故选项C为正确答案。

第二节

51.【参考答案】で

【答案解析】考查助词"で"表示范围的用法。后文的"使用されて"提示需要"で"构成"在……方面被使用……"。

52.【参考答案】ある

【答案解析】考查动词修饰名词，要用动词简体，意为"身体有障碍的人"。

53.【参考答案】に

【答案解析】考查"～を～にする"的用法理解，"把……当作……"。

54.【参考答案】く

【答案解析】考查单词"暮らす"的对应假名。

55.【参考答案】異

【答案解析】考查单词"異なる"的当用汉字。

56.【参考答案】育っ

【答案解析】考查动词"た形"变形。后文提示"た"，结合句意可知应填入"育つ"连接"た"的形式，"育つ"是一类动词，因此"育っ"为正确答案。

57.【参考答案】難しさ

【答案解析】考查一类形容词的名词化。由后文"を生みます"可知此处应填入名词，因此将"難しい"（形容词）变为"難しさ"（名词）。

58.【参考答案】構築され

【答案解析】考查动词被动态。前文"社会"为抽象名词作主语，结合句意应考虑为"社会被构建"，由"建築する"活用为"建築される"（被动态），结合后文提示的"て"，因此变为"され"。

59.【参考答案】を

【答案解析】考查他动词的用法。"引き起こす"为他动词，"を"提示他动词的动作对象。"問題を引き起こす"意为"引发问题"。

60.【参考答案】積極的に

【答案解析】考查二类形容词活用与句意理解，此处要求理解形容词修饰的部分。结合语句可知，修饰的为"推进变革"这一整体，故需要变为"積極的に"。

第四部分　写作

第一节　范文

山本先生

拝啓

　6月に入り、蒸し暑い日が多くなりました。

　最近、中日の食文化の違いについての作文を書きました。お忙しいところ恐れ入りますが、その作文に対する評価と修正をお願いできませんか。

　ご指導のほどよろしくお願いいたします。

　　　　　　　　　　　　　　　　　　　　　　　　敬具

　2024年6月8日

　　　　　　　　　　　　　　　　　　　　　　　　李　明

第二节　范文

　　　　　　　　　　私が影響を受けた詩句

　「山窮水復疑无路　柳暗花明又一村」は私に大きな影響を与えた詩句です。宋の陸游によって創作された詩句です。これは困難に遭った時、諦めないでほかの方法で解決してみるという意味で、ずっと私を励まして前へ進む力をくれます。

　中学生の時、数学が嫌いで、難しい問題にあったらすぐ諦めました。ある数学の試験中、また難問にあって、諦めようとしたところにこの詩句が一瞬に頭に思い浮かびました。「諦めないで、ほかの方法で考えてみて」と教えてくれました。そして、いろいろな方法を試した後、ようやく答えを出しました。このような諦めないで成果を獲得した感覚はすばらしかったです。

　その後、どんな困難に遭っても絶対に投げ出さないと決意をしました。

新高考日语模拟卷（六）

答案速览 ▶

第一部分　听力

1	2	3	4	5	6	7	8	9	10	11	12	13	14	15	16	17	18	19	20
A	B	A	C	A	B	C	B	B	C	A	C	C	B	A	C	B	A	C	B

第二部分　阅读

21	22	23	24	25	26	27	28	29	30	31	32	33	34	35	36	37	38	39	40
B	C	A	D	D	A	D	D	C	D	C	A	A	C	D	B	D	B	A	D

第三部分　语言运用

第一节

41	42	43	44	45	46	47	48	49	50
A	B	A	C	D	B	B	C	B	D

第二节

51	52	53	54	55
出し	から	じゃま	できなく	や
56	**57**	**58**	**59**	**60**
素直に	も	述べる	軽	出せる

听力原文 ▶

1.

女：太郎、お帰り。

男：ただいま。晩ご飯はまだ？

女：もうすぐできるわよ。その前に手を丁寧に洗ってね。

男：はい。

2.

男：見て、空が暗くなってる。もうすぐ雨だろう。

女：えっ？今朝洗濯したものが外に出してある。

男：じゃ、早く帰らないと。

女：ええ。

3.

女：先週の日曜日、朝早く地震があった。

男：怖かっただろう。

女：そうね。けがはしなかったけど、本棚が倒れちゃってびっくりした。

4.

男：皆さん、今から試験をします。まず、名前と番号を書いてください。ボールペンで答え
を書いてください。試験は9時から10時半までです。その前に教室を出てはいけませ
ん。本やノートを見ないでください。隣の人と話してはいけません。

5.

男：あれ、この牛乳ちょっとおかしい味がする。

女：ちょっと見せて。あ、これはだめよ。4日までに飲んでくださいと書いてあるし、飲む
とお腹が痛くなるわよ。

男：えっ？そうなの。

女：いつ買ったの。

男：1週間ぐらい前だった。

女：今日は8日だよ。

6~8.

男：ヤンさん、どうしたんですか。何か探しているんですか。

女：ええ、先週図書館から借りた本が見つからないんです。

男：そうですか。何の本ですか？

女：『できる日本語』という本です。それを読んで、レポートを書いたんですが。

男：これですか。

女：あっ、それです。どこにありましたか。

男：ぼくの机の上にありましたよ。レポートといっしょに。

女：ああ、よかった。今日は締め切りですから、すぐ返しに行きます。

9~11.

女：昨日、テレビで健康講座を見ました。

男：そう。何を言ってたの。

女：それによると、体のために、寝る5、6時間前に晩ご飯を食べたほうがいいそうです。

男：ぼくには無理かも。毎日残業が多いし。

女：そうですね。また、晩ご飯の後、テレビを見たり、新聞を読んだり、ゆっくりしたほう
がいいです。

男：そうか。

女：それに、お風呂に入って寝ると、よく眠れますよ。

男：ちょうどお風呂が沸いたから、ぼくが先に入るね。

12~14.

女：山田さん、週末はどこかへ行く？この前の遊園地はどう？

男：あそこは遠いよ。もっと近いところにしよう。

女：鈴木さんは動物園へ行きたいって。

男：じゃ、いっしょに動物園に行こう。

女：動物園はいいね。車で行く？それとも、地下鉄で行く？

男：週末はきっと道が込むから、地下鉄にしよう。

女：昼ご飯はどうする？自分でお弁当を作って、持っていく？

男：動物園の近くのレストランで食べたい。

女：あっ、そうだ。この前壊れたカメラまだ修理していない。撮影はどうする？

男：スマホで写真を撮ろうか。

女：そうね。

15~17.

男：「子どもは風の子」「外で遊ぶ子どもは成長する」とよく言われていましたが、最近、「体の調子が悪い」「すぐ疲れる」という子どもが多くなりました。子どもはあまり外で遊びません。ある番組はその原因を調べました。まず、「スマホゲームが好き」が一番多くて、７０％です。次に、「勉強が忙しい」で、６４％です。３番目は「遊ぶところがない」で、５３％です。「車が多いから、外は危ない」という子どもが２０％います。皆さんはこれを見てどう思いますか。親ができるだけ子どもに外遊びの機会を作ってあげたほうがいいと思います。

18~20.

女：鈴木さん、もうすぐ留学生の李さんの帰国ですね。

男：そうですね。寂しくなりますね。それで、帰る前に、クラスのみんなで李さんの送別会をやりたいです。

女：いいですね。やりましょう。佐藤さんや小林さんなどみんな呼びましょう。

男：李さんの予定を聞いて、私がみんなに連絡します。場所はどこがいいでしょうか。

女：そうですね。李さんは前に天ぷらが好きだと言っていました。学校の前の天ぷら屋はどうですか。

男：いいですね。あとで予約しますね。李さんに何かプレゼントをあげませんか。

女：そうですね。佐藤さんたちと相談してみたらどうですか。

男：じゃ、そうしましょう。

答案詳解

第一部分　听力

第一节

1.【参考答案】A

　【本題問題】男子接下来要做什么？

【答案解析】女：その前に手を丁寧に洗ってね。（吃饭之前要好好洗手。）此题考查提取具体信息，故答案选A（洗手）。

2.【参考答案】B

【本题问题】女子要怎么做？

【答案解析】男：じゃ、早く帰らないと。（那么，不赶紧回去的话。）此题考查提取具体信息，故答案选B（赶紧回家）。

3.【参考答案】A

【本题问题】女子为什么吓一跳？

【答案解析】女：本棚が倒れちゃってびっくりした。（书架倒了，吓了一跳。）此题考查提取具体信息，故答案选A（书架倒了）。

4.【参考答案】C

【本题问题】关于考试，正确的是哪一项？

【答案解析】男：隣の人と話してはいけません。（不能和旁边的人说话。）此题考查提取具体信息，故答案选C（不能和旁边的人说话）。

5.【参考答案】A

【本题问题】男子什么时候买的牛奶？

【答案解析】男：1週間ぐらい前だった。（一周前买的。）女：今日は8日だよ。（今天是8号。）此题考查简单逻辑推断，根据这句话，可以推断牛奶是1号买的，故答案选A（1号）。

第二节

6.【参考答案】B

【本题问题】女子怎么了？

【答案解析】女：先週図書館から借りた本が見つからないんです。（上周我从图书馆借的书不见了。）此题考查提取具体信息，根据这句话，可以推断出女子的状态，故答案选B（找不到书）。

7.【参考答案】C

【本题问题】女子要找的东西在哪里？

【答案解析】男：ぼくの机の上にありましたよ。（在我的桌上呀。）此题考查提取具体信息，根据这句话，可知那本书在男子的桌上，故答案选C（在男子的桌上）。

8.【参考答案】B

【本题问题】女子接下来要做什么？

【答案解析】女：今日は締め切りですから、すぐ返しに行きます。（今天是截止日期，所以我要马上去还书。）此题考查简单逻辑推断，根据这句话，可以推断女子接下来要去还书，故答案选B（马上去图书馆）。

9.【参考答案】B

【本题问题】什么时候吃晚饭更好？

【答案解析】女：それによると、体のために、寝る5、6時間前に晩ご飯を食べたほうがいいそうです。（据那个讲座所说，为了健康，睡前五六个小时吃晚饭更好。）根据这句话，可以推断睡前五六个小时吃晚饭更好，故答案选B（睡前5小时）。

10.【参考答案】C

　　【本题问题】晚饭后做什么更好？

　　【答案解析】女：また、晩ご飯の後、テレビを見たり、新聞を読んだり、ゆっくりしたほうがいいです。（晚饭后最好看看电视，读读报纸等放松一下。）此题考查提取具体信息，根据这句话，可知晚饭后建议看电视放松，故答案选C（看电视）。

11.【参考答案】A

　　【本题问题】男子接下来要做什么？

　　【答案解析】男：ちょうどお風呂が沸いたから、ぼくが先に入るね。（洗澡水刚好烧好，我先去洗澡啦。）此题考查简单逻辑推断，根据这句话，可以推断男子接下来要去洗澡，故答案选A（洗澡）。

12.【参考答案】C

　　【本题问题】几个人一起去动物园？

　　【答案解析】女：鈴木さんは動物園へ行きたいって。（铃木说想去动物园。）男：じゃ、いっしょに動物園に行こう。（那么就一起去动物园吧。）此题考查简单逻辑推断，根据这句话，可以推断男子、女子还有铃木3个人一起去动物园，故答案选C（3个人）。

13.【参考答案】C

　　【本题问题】怎么去动物园？

　　【答案解析】男：週末はきっと道が込むから、地下鉄にしよう。（周末肯定堵车，还是坐地铁吧。）此题考查提取具体信息，根据这句话，可知是坐地铁去动物园，故答案选C（地铁）。

14.【参考答案】B

　　【本题问题】午餐怎么办？

　　【答案解析】男：動物園の近くのレストランで食べたい。（我想在动物园附近的餐厅吃。）此题考查提取具体信息，根据这句话，可知午餐在餐厅吃，故答案选B（在餐厅吃）。

15.【参考答案】A

　　【本题问题】这个节目调查了什么？

　　【答案解析】男：子どもはあまり外で遊びません。ある番組はその原因を調べました。（孩子们不怎么在外面玩。某个节目调查了这个原因。）此题考查提取具体信息，根据这句话，可知节目调查了孩子们不在外面玩的原因，故答案选A（孩子们不在外面玩的原因）。

16.【参考答案】C

　　【本题问题】原因当中最多的是哪一个？

【答案解析】男：まず、「スマホゲームが好き」が一番多くて、７０％です。（首先"喜欢手机游戏"这个理由最多，高达70%。）此题考查简单逻辑推断，根据这句话，可以推断孩子们不在外面玩的理由最多的是喜欢游戏，故答案选C（喜欢游戏）。

17.【参考答案】B

【本题问题】男子如何看待这件事？

【答案解析】男：親ができるだけ子どもに外遊びの機会を作ってあげたほうがいいと思います。（我觉得父母要尽量创造一些让孩子在外面玩的机会。）此题考查简单逻辑推断，根据这句话，可以推断男子觉得在外面玩更好，故答案选B（孩子在外面玩更好）。

18.【参考答案】A

【本题问题】两个人的身份是什么？

【答案解析】女：もうすぐ留学生の李さんの帰国ですね。（留学生小李马上要回国了啊。）男：それで、帰る前に、クラスのみんなで李さんの送別会をやりたいです。（所以在他回国前我想和班里的同学一起为小李举办个欢送会。）此题考查简单逻辑推断，根据这句话，可以推断两个人是日本学生，故答案选A（是2个日本当地的学生）。

19.【参考答案】C

【本题问题】谁来预约欢送会的场地？

【答案解析】男：いいですね。あとで予約しますね。（真不错。我等下预约。）此题考查提取具体信息，根据这句话，可知男子来预约欢送会的场地，故答案选C（男子）。

20.【参考答案】B

【本题问题】欢送会的礼物怎么办？

【答案解析】女：王さんたちと相談してみたらどうですか。（不如和小王他们商量看看吧。）此题考查简单逻辑推断，根据这句话，可知礼物要和大家一起商量后再决定，故答案选B（和大家商量）。

第二部分 阅读

（一）

原文	中文翻译
中国語の初学者だった頃、中国語でちょっとだけ自己紹介や簡単な挨拶をしたのに、「中国語、とても上手ですね！」と褒められて有頂天になっ	我刚开始学中文的时候，有时候用中文稍微做了自我介绍和简单的寒暄，就被夸奖"中文很好啊！"高

たことがありました。「中国語は難しいはずなのに、もしかして才能あるかも…」と感じたものです。ところが、<u>後で知ったのは</u>中国語初学者の多くが同じ経験をしたということです。つまり、中国人は「褒め上手」である一方、日本人は「褒め下手」であるとされています。日本人があまり褒めないというのは、一世代前の話だとされていますが、現在でも企業や学校などで「褒め下手」な状況が続いているようです。

中国人がよく相手を褒める最大の理由は、メンツ（面子）を重視するからです。中国文化において、メンツは日本文化におけるプライド（自尊心）とは異なり、個人の「価値そのもの」を指します。メンツを損なうことは、相手の人格や存在を否定することにつながる可能性があります。

ただし、中国人は<u>家族を褒めない</u>と言われています。例えば、中国人と結婚した友人は、結婚する前は自分をよく褒めてくれましたが、結婚後はまったく褒められなくなり、「がっかりした」と言っていました。これは家族だけがお互いの悪いところを指摘できるため、実は中国人ならでは（特有的）の家族への愛情や思い入れ（心思，迷恋）の表れのようです。

兴得忘乎所以。感觉到："中文明明应该很难，我说不定有学习中文的天赋……"但是后来我才知道，很多初学中文的人都有过同样的经历。也就是说，中国人"擅长夸奖别人"，而日本人"不擅长夸奖别人"。日本人不太会夸奖别人，这虽然是上一代的事情了，现在在企业和学校里"不擅长夸奖别人"的状况似乎也同样存在。

中国人经常夸奖对方的最大理由是爱面子。在中国文化中，面子与日本文化中的自尊不同，是指个人的"价值本身"。有损面子，可能会与否定对方的人格和存在相关。

不过，据说中国人是不夸奖家人的。举个例子，我有个和中国人结婚的朋友，结婚前经常被夸，但结婚后一次都没有被夸过，朋友说"他很失望"。这是因为中国人觉得只有家人才能互相指出对方的缺点，这实际上也是中国人特有的对家人的爱和上心的表现。

21.【参考答案】B

【本题问题】文中的"忘乎所以"表达了什么心情？

【答案解析】本题考查对第一段第1~2句的句意理解。根据文段翻译，题目问的是：被表扬"中文很好"时的心情，即"我说不定有学习中文的天赋吧"，故应是"得意洋洋的心情"。由此可见，选项B正确。

22.【参考答案】C

【本题问题】文中的"后来才知道"指的是谁知道？

【答案解析】本题考查对第一段第3句话的句意理解。根据该句的翻译："我后来才知道，很多初学中文的人都有过同样的经历"，题目问的是："是谁后来才知道"，故答案应是"我"（笔者）。由此可见，选项C正确。

23.【参考答案】A

【本题问题】对中国人来说，不是"面子"含义的是哪个？

【答案解析】本题考查对第二段第2句的句意理解。根据该句翻译，题目问的是：不是"面子"含义的是什么，即"在中国文化中，面子与日本文化中的自尊不同，是指个人的'价值本身'"，故应选"自尊"。由此可见，选项A正确。

24.【参考答案】D

【本题问题】文中的"不表扬家人",这是什么原因?

【答案解析】本题考查对第三段第3句的句意理解。根据上文翻译,题目问的是:"这是因为中国人觉得只有家人才能互相指出对方的缺点,这实际上也是中国人特有的对家人的爱和上心的表现",故应是"只有家人才可以说不好的地方"。由此可见,选项D正确。

25.【参考答案】D

【本题问题】与中国人结婚的日本人在婚后不被表扬,怎么理解最好?

【答案解析】本题考查对第三段的整体理解。根据文段翻译,题目问的是:怎么理解最好,即"这实际上也是中国人特有的对家人的爱和上心的表现",故应是"那是对家人的爱意和关心"。由此可见,选项D正确。

(二)

原文	中文翻译
コロナ(新冠病毒)で、私たちは昨日が今日に、今日が明日につながることがどれほどかけがえのない(无可替代的)ことなのかと改めて気付きました。 そして、今の時代においては、考え方も生き方も「自分らしく」にならないと、<u>もっと深く感じる</u>ようになりました。私の好きな言葉に「You can not live my life」があります。「あなたが生きられるのはあなただけ」という意味ですが、少し深めると、「一人一人が自分らしい生き方をしよう」という意味にもなれます。 特に50代や60代の成人世代は、年を重ねるにつれて多くを失うことが一般的であり、<u>そのような状況で限られた時間をどのように生きるか</u>を自問し、ある意味で、生命の本質に直接触れることのできる時期と言えます。私自身は、「(ア　多くのは必要ではない)」という選択をするようになりました。そして、深く丁寧に暮らすために、むしろ少ないほうがいいと考えるのです。(イ　だから)、何かを積極的に「する」という選択と同時に、積極的に「しない」という選択を自分らしさでどれだけできるか…それが<u>この先の豊かさに結びつく</u>のではないかと思うのです。	因为新冠肺炎,我们再次意识到昨天与今天、今天与明天的联系是多么不可替代。 而且,我更加深刻地感受到,在当今这个时代,无论是思考方式还是生活方式,都必须"像自己"。我最喜欢的一句话是"You can not live my life."意思是"你只能过你自己的生活",再深入一点,也可以理解为"每个人都要活出自己的风格"。 特别是五六十岁的成年一代,随着年龄的增长,通常会失去很多东西。在这种情况下,他们往往会扣心自问如何度过剩下有限的时间。从某种意义上讲,这个阶段也可以称得上是可以直接接触生命本质的时期。我自己也变得会做出"不需要太多"这个选择。然后,为了深入细致地生活,反而觉得越少越好。所以,在积极地选择"做"什么的同时,又能以自己的方式做出多少"不做"的选择……我认为这与今后的富裕程度息息相关。

26.【参考答案】A

　　【本题问题】文中的"更加深刻的感悟"所指的深刻感悟是什么？

　　【答案解析】本题考查对第二段第1句的句意理解。根据上文翻译，题目问的是：深刻感悟的是什么，即"无论是思考方式还是生活方式，都必须'像自己'"，故应是"变得像自己"。由此可见，选项A正确。

27.【参考答案】D

　　【本题问题】文中的"那样的情况"指代的是什么情况？

　　【答案解析】本题考查对第三段第1句的句意理解。根据该句翻译，题目问的是：那样的情况，即前文的"随着年龄的增长，通常会失去很多东西"，故应是"随着年龄的增加不断失去"。由此可见，选项D正确。

28.【参考答案】D

　　【本题问题】在文中（　ア　）的位置放入哪个词最合适？

　　【答案解析】本题考查对第三段第3句的句意理解。根据该句翻译，题目问的是：选择什么样的方式，即"然后，为了深入细致地生活，反而觉得越少越好"，故应是"没有必要很多"。由此可见，选项D正确。

29.【参考答案】C

　　【本题问题】在文中（　イ　）的位置放入哪个词最合适？

　　【答案解析】本题考查对第三段第3~4句的逻辑关系的理解。根据第3~4句的翻译，即"为了深入细致地生活，反而觉得越少越好""在积极地选择'做'什么的同时，又能以自己的方式做出多少'不做'的选择"，故应是"所以"表示两句之间的因果关系。由此可见，选项C正确。

30.【参考答案】D

　　【本题问题】"与今后的富裕程度息息相关"的是什么？

　　【答案解析】本题考查对第三段最后一句的句意理解。根据该句翻译，题目问的是：与今后的富裕程度息息相关，即上文"在积极地选择'做'什么的同时，又能以自己的方式做出多少'不做'的选择"，故应是"积极地做与积极地不做"。由此可见，选项D正确。

（三）

原文	中文翻译
『ドラえもん』に出てくるセワシくんは、のび太の子孫でありながら、２２世紀の未来世界に住んでいる。彼は周囲には便利なテクノロジー（科学技術）や道具が溢れている中で、なぜか幸せそうには見えない。未来人たちには便利な道具がたくさんあるのに、<u>どうしてときに空虚な笑いを浮かべるのか。</u>	《哆啦Ａ梦》中出现的濑和君，是大雄的后代，生活在22世纪的未来世界。虽然周围充满了便利的科技和工具,但他不知何故看起来并不幸福。未来的人们明明有很多便利的工具,为什么有时会露出虚浮的笑容呢?

人々は、便利なツールだけでは真の幸福を手に入れることはできないということが、ますます明らかになってきている。科学の進歩により、ドラえもんのような道具に似たものが現実の世界に次々と登場しているが、その便利さの本質がますますわかりにくくなってきている。あらゆる手続きがスマートフォンで簡単に行えるようになったとしても、それが本当に便利なのかについては疑問が残る。 　　新しい機能が満載される携帯が次々に出てくる。楽しみにしている人も多いようだが、私の気持ちは（ア　期待）にはほど遠い。スマホも家電も車も、頻繁に買い替えを迫られる（被迫）。<u>もう十分だと思ってしまう。</u> 　　今あるものを修理し、使い続けるのが、難しくなるような気がしてきた。そこで、「<u>古くならないことが新しいのじゃない</u>」とある言葉を思い出した。 　　たぶんのび太を幸福にするものは、「どこでもドア」のような便利な道具ではなく、その時代に生きているドラえもんとの友情なのだ。	人们越来越清楚地认识到，仅仅依靠便利的工具是无法获得真正的幸福的。随着科学的进步，类似哆啦A梦的道具不断出现在现实世界中，但其便利的本质却越来越难以理解。即使所有手续都能用智能手机轻松办理，但这真的方便吗？我对此还抱有疑问。 　　充满新功能的手机不断出现。虽然期待的人好像很多，但是我却远远没有达到期待的程度。智能手机、家电、汽车，都在频繁地被逼着换新。我觉得这已经够了。 　　我觉得如今很难将已有的东西修理好并继续使用。于是，我想起了一句话"不能变旧的东西不是新的东西"。 　　大概能让大雄幸福的东西，不是像任意门那样方便的工具，而是伴随着那个时代而生的和哆啦A梦的友情。

31.【参考答案】C

　　【本题问题】为什么"有时会露出虚浮的笑容呢"？

　　【答案解析】本题考查对第二段第1句话的句意理解。根据下文翻译，题目问的是：有时会露出虚浮的笑容，即"人们越来越清楚地认识到，仅仅依靠便利的工具是无法获得真正的幸福的"，故应是"人类无法只通过工具变得幸福"。由此可见，选项C正确。

32.【参考答案】A

　　【本题问题】在文中（　ア　）的位置放入哪个词最合适？

　　【答案解析】本题考查对第三段第2句的句意理解。根据上文翻译，题目问的是：我的心情远远达不到什么，即与前义"楽しみにしている"的理解有关，故应是"期待"。由此可见，选项A正确。

33.【参考答案】A

　　【本题问题】文中"我觉得这已经够了"的意思是什么？

　　【答案解析】本题考查对第三段第1~3句的句意理解。根据1~3句的翻译，题目问的是："我觉得这已经够了"的意思是什么，即"智能手机、家电、汽车，都在频繁地被逼着换新。我觉得这已经够了"，故应是"厌烦了"。由此可见，选项A正确。

34.【参考答案】C

【本题问题】文中的"不能变旧的东西不是新的东西"含义是什么？

【答案解析】本题考查对第四段第1句的句意理解。根据该句翻译，题目问的是：想到的这句话的含义，即由上段的"智能手机、家电、汽车，都在频繁地被逼着换新。我觉得这已经够了"而想到的，故应是"修理一些东西，继续使用是理所当然的"。由此可见，选项C正确。

35.【参考答案】D

【本题问题】作者最想表达的是什么？

【答案解析】本题考查对整篇文章的理解。根据整篇文章翻译，题目问的是：作者最想说的是什么？故应是"只通过便利的工具是无法变得幸福的"，在第二段的第1句和第五段均有提及。由此可见，选项D正确。

（四）

原文	中文翻译
「みなさん、自分を色で例えるならば、何色ですか」と、ある聴覚支援学校の香苗さんは、静かに手話で語り始めた。これは「全国高校生の手話によるスピーチコンテスト」での出来事だ。	"如果用颜色来表达自己的话，你会用什么颜色呢？"某听障学校的香苗小姐静静地用手语开始提问。这是发生在"全国高中生手语演讲比赛"上的事情。
小学生の時、彼女はろう学校（聋哑人学校）の友達としか交流せず、校外の人に手話を見られることを避けていた。その時の感情を色で表現するなら、黒であると彼女は手話で語った。	上小学时，她只与聋哑人学校的朋友交流，避免被校外的人看到自己使用手语。她用手语说，如果用颜色来形容当时的感情，那就是黑色。
高校生になると、彼女は耳が聞こえる人たちとスマートフォンの音声文字化機能を使って会話する機会も得るようになった。そのため、「私の現在の感情はグレーで、様々な色が混ざったような灰色です。将来的には、虹色の自分になりたいんです」と彼女は笑顔で述べた。	上高中后，她开始用智能手机的语音文字功能与能听到的人对话。因此，她笑着说："我现在的感情是灰色的，是混合了各种颜色的灰色。将来，我想成为彩虹色的自己。"
そのスピーチは、瑞々しい（水灵鲜嫩的）感性に満ちた素晴らしいものだった。（ア　ただ），入賞はならずに終わった。彼女ががっかりしているのではないかと思い、学校の先生に連絡すると、「発表は楽しく、他の参加者との交流も楽しめたので、一生の思い出になる宝物です」という丁寧な返信をいただいた。その返信には、香苗さん本人の言葉とともに、彼女が描いた絵が添付されていた。その絵には、深い海のような青や淡い朝顔のような赤が描かれて、その繊細で優しい色合いが印象的だった。	那次演讲充满了感性，非常精彩。但是最终却未能获奖。我担心她会失望，就联系了学校的老师，结果收到了香苗小姐礼貌的回信，说："参加演讲很开心，和其他参加者的交流也很愉快，这是一生难忘的宝贵财富。"回信中，除了本人的话语，还附上了她画的画。在那幅画中，有大海般的蓝色，也有牵牛花般的红色，细腻柔和的色调给人留下了深刻的印象。

36.【参考答案】B

　　【本题问题】文中的"如果用颜色来表达自己的话，你会用什么颜色呢"是在哪里说的话。

　　【答案解析】本题考查对第一段第2句的句意理解。根据该句翻译，题目问的是：地点，即"这是发生在'全国高中生手语演讲比赛'上的事情"，故应是"演讲比赛"。由此可见，选项B正确。

37.【参考答案】D

　　【本题问题】文中的"她只与聋哑人学校的朋友交流"是为什么呢？

　　【答案解析】本题考查对第二段第1句的句意理解。根据该句翻译，题目问的是：为什么，即"避免被校外的人看到自己使用手语"，故应是"不想被校外的人看到手语"。由此可见，选项D正确。

38.【参考答案】B

　　【本题问题】在文中（　ア　）的位置放入哪个词最合适？

　　【答案解析】本题考查对前后文脉络的理解。根据上下文翻译，题目问的是：前后两句的逻辑联系，即"那次演讲充满了感性，非常精彩""但最终却未能获奖"，故应是表示转折。由此可见，选项B正确。

39.【参考答案】A

　　【本题问题】文中的"收到了礼貌的回信"，是谁回的信？

　　【答案解析】本题考查对第四段第4句的句意理解。根据下文翻译，题目问的是：谁回的信，即"回信中，除了本人的话语，还附上了她画的画"，故应是"香苗回信"。由此可见，选项A正确。

40.【参考答案】D

　　【本题问题】香苗有什么样的变化？

　　【答案解析】本题考查对整篇文章的理解。根据整篇的翻译，题目问的是：香苗的变化，即"上高中后，她开始用智能手机的语音文字功能与能听到的人进行对话"，故应是"变得能够跟校外的人交流了"。由此可见，选项D正确。

第三部分　语言运用

第一节

原文	中文翻译
皆さんは、国語の読解で苦戦した 41 <u>ことはない</u>だろうか？さて、ここからは国語の読解についての具体的な方法を 42 <u>お伝えする</u>。 　読解問題で正答率が上がらない人は、客観的に文章を読んで、感情移入し 43 <u>すぎずに</u>、文章中の根拠を見つけることがポイントだと思う。心情	大家 41 <u>有没有</u>在语文阅读理解中遇到困难呢？那么，现在 42 <u>我将介绍</u>具体的语文阅读理解方法。 　针对在阅读理解问题中答对率不高的人，我认为关键是要客观地阅读文章，43 <u>不要过多地</u>投入情感，而是

は文章中に書かれているので、行動や言動を探す練習をする<u>44 といい</u>。そして、登場人物の心情の変化を読み取るためには、物語の場面設定を整理し、5W1H（いつ・どこで・誰が・何を・どうして・どうした）を意識して読み進めることが重要である。時間をかけて印やマークをつけ<u>45 ながら</u>読むと、心情の変化が読み取れる。最後、文章中の根拠となる部分を見逃さず（不要看漏）、登場人物の心情の変化を正確に読み取るために、「いつ」「どこで」「誰が」「何を」「どうして」「どうした」などの要素を把握し、言葉の裏に隠された意味を理解することが重要である。また、「心情の交錯」<u>46 について</u>、矛盾した感情が同時に存在する場合に注意が必要であり、これらのキーワードを文章中から<u>47 しっかり</u>読み取ることが大切である。

　以上の国語の読解の三つのコツを<u>48 マスター</u>すれば、満点を取ることができる。他の分野にも時間をかけられ、国語の点数全体を高めることができる。だから、読解<u>49 でも</u>少し点数を上げたかった人はこの記事の内容を実践して、正しい国語の読解のもと、どんな問題にも対応できるようになって<u>50 いってほしい</u>。ぜひ練習して、得意科目にしてください。

要找到文章中的依据。因为情感是写在文章中的，所以练习寻找行动和言行<u>44 就可以了</u>。此外，为了读懂出场人物的心情变化，整理故事情节设置，意识到 5W1H（什么时候、在哪里、谁、做了什么、为什么、怎么做）是很重要的。花时间<u>45 一边</u>阅读<u>一边</u>做标记，就能读懂心情的变化。最后，为了不遗漏文章中作为依据的部分，正确解读登场人物的心情变化，把握"何时""何地""谁""做了什么""为什么""怎么做"等要素，理解语言背后隐藏的意思是很重要的。另外，<u>46 关于</u>"心情的交错"问题，当同时存在矛盾的情感时也需要注意，从文章中<u>47 仔细</u>读取这些关键词是很重要的。

　<u>48 掌握</u>了上述语文阅读理解的3个窍门，就能得满分。如果再花时间在其他领域，就能提高语文的整体分数。所以，想在阅读理解<u>49 等</u>方面提高分数的人，<u>50 希望</u>你们能践行本文的内容，在正确的语文阅读理解的基础之上，能应对任何问题。请务必练习，并把它变成你的强项。

41.【参考答案】A

　　【本题考点】考查形式名词固定句型"Ｖたことが/はない"。

　　【答案解析】根据文章意思，"大家有没有在语文阅读理解中遇到困难呢？"句型"Ｖたことがある"表示"曾经做过某事"，"Ｖたことが/はないだろうか"表示"是不是曾经做过呢？"故选A。选项B、C、D接续错误。

42.【参考答案】B

　　【本题考点】考查自谦语"お/ご～する"。

　　【答案解析】根据文章意思，"现在我将介绍具体的语文阅读理解方法"，所以用自谦语句型"お/ご～する"，故选B。选项A和D形式错误，选项C是尊他语句型。

43.【参考答案】A

　　【本题考点】考查否定助动词"ずに"。

　　【答案解析】根据上下文意思，"不要过多地投入情感，而是要找到文章中的依据"。"ずに"，意为"不做……而做……"，故选A。选项B是终止形，选项C是中顿形，选项D是"て形"。

44.【参考答案】C

　　【本题考点】考查中高级句型"～といい"。

　　【答案解析】根据上下文意思，"因为情感是写在文章中的，所以练习寻找行动和言行就可以了"。选项D"といけない"意为"……就不行"，意思错误。选项A、B、C意思一样，意为"……就可以，就行"，但是选项A和B接续错误。故选C。

45.【参考答案】D

　　【本题考点】考查接续助词"ながら"。

　　【答案解析】本题设问在"時間をかけて印やマークをつけ__45__読むと"中，设问前面用了动词中顿形，选项中只有"ながら"接中顿形，意为"一边……一边"，故选D。选项A表示"并列，举例"，选项B表示"虽然，但是"，选项C表示"虽然，但是"。

46.【参考答案】B

　　【本题考点】考查句型"～について"。

　　【答案解析】根据上下文意思，"关于'心情的交错'问题，当同时存在矛盾的情感时也需要注意"。选项A意为"随着"，选项B意为"关于"，选项C意为"随着，跟从，按照"，选项D意为"对于……来说"。故选B。

47.【参考答案】B

　　【本题考点】考查副词"しっかり"。

　　【答案解析】根据上下文意思，"仔细读取这些关键词是很重要的"。选项A意为"完全"。选项B意为"充分，扎实，牢固"，选项C意为"果然"，选项D意为"好好地，慢慢地"，结合句意，这里是"仔细"的意思。故选B。

48.【参考答案】C

　　【本题考点】考查外来语"マスター"。

　　【答案解析】根据上下文意思，"掌握了上述语文阅读理解的3个窍门"。选项A意为"礼仪"，选项B意为"围巾"，选项C意为"掌握"，选项D意为"马拉松"。故选C。

49.【参考答案】B

　　【本题考点】考查副助词"でも"。

　　【答案解析】根据上下文，"想在阅读理解等方面提高分数的人"。选项A意为"甚至……，就连"，表示最低限度；选项B表示举例，意为"……之类的"；选项C"しか"要与否定连用，构成"しか～ない"，意为"仅仅"；选项D表限定，意为"仅仅，只有"。故选B。

50.【参考答案】D

　　【本题考点】考查愿望助动词"～たい、～てほしい"和补助动词"～ていく、～てくる"。

　　【答案解析】根据文章意思，"想在阅读理解等方面提高分数的人，希望你们能践行本文的内容，在正确的语文阅读理解的基础之上，能应对任何问题"。"希望别人做

某事", 故选"～てほしい"。排除选项A和C。"～たい"表示"第一人称想做某事"。其次, 这是对大家未来的希望, 要用"～ていく", 故选D。

第二节

51. 【参考答案】出し

【答案解析】考查"动词中顿形+にくい"的用法, 意为"难以做某事"。

52. 【参考答案】から

【答案解析】考查格助词"から", 根据文章意思, "来自周围的期待", 故答案为"から"。

53. 【参考答案】じゃま

【答案解析】考查单词"邪魔"的对应假名。

54. 【参考答案】できなく

【答案解析】考查动词的否定形式的变形。根据上下文, "碍于面子, 虽然是很简单的词, 但是也很难说出口", 要把"できる"变成否定形式"できない", 再变成正确的活用形式, 后接"なる", 构成"できなくなる"。故答案为"できなく"。

55. 【参考答案】や

【答案解析】考查助词"や"表示举例, 常与"など"搭配使用。

56. 【参考答案】素直に

【答案解析】考查二类形容词修饰动词的用法。根据上下文可知, "'不擅长''不会''不懂'这三种情况, 能坦率地说出是很重要的。"二类形容词活用为副词, 故答案为"素直に"。

57. 【参考答案】も

【答案解析】考查句型"何＋数量词＋も＋肯定句"中的格助词"も", 意为"数量之多"。

58. 【参考答案】述べる

【答案解析】考查动词的名词化。"こと"提示需要将动词名词化, 故考虑动词的简体, 再结合上下文可判断此处用动词一般现在时态的简体, 即基本形, 故答案为"述べる"。

59. 【参考答案】軽

【答案解析】考查单词"軽い"的当用汉字。

60. 【参考答案】出せる

【答案解析】考查动词可能形变形。根据上下文可知, "正因为如此, 要成为能说出'不擅长''不会''不懂'的大人。"要使用动词可能态, 故答案为"出せる"。

第四部分 写作

第一节 范文

山本先生

　いつもご指導いただき、ありがとうございます。李明と申します。

　昨日より熱が下がらず、現在も38度の熱がありますので、申し訳ありませんが、明日の日本語講座は欠席させていただきたいと思います。

　どうぞよろしくお願いいたします。

李明

第二節 范文

　　　　　　　セルフメディアについて

　ドウインをはじめ、ウィーチャットのようなセルフメディアは中国で盛んになってきました。

　若者は自分のアカウントで自分自身の考えや体験などを記録して、いいと思うことが共有できます。そのほかに、様々な人と交流して、人間関係が広がることができます。しかし、誰でも利用できるので、現れた問題も少なくないです。例えば、嘘や間違った情報が溢れていて、騙された人もいます。したがって、コントロールを強化することが必要だと思います。例えば、噂の拡散を防止することや、社会的にネガティブな出来事件が個人的に報道できないことなどです。

　セルフメディアは相互交流のための新たな窓口ですが、情報の正しさを判断する能力を身につけるべきだと思います。

新高考日语模拟卷（七）

第一部分　听力

1	2	3	4	5	6	7	8	9	10	11	12	13	14	15	16	17	18	19	20
B	C	B	A	B	B	A	C	C	B	B	B	A	C	B	A	B	A	A	C

第二部分　阅读

21	22	23	24	25	26	27	28	29	30	31	32	33	34	35	36	37	38	39	40
C	B	A	D	B	B	C	B	D	A	D	B	C	A	C	B	D	D	C	A

第三部分　语言运用

第一节

41	42	43	44	45	46	47	48	49	50
C	A	D	A	B	C	A	B	A	D

第二节

51	52	53	54	55
違	難しく	減っ	へ	持たせる

56	57	58	59	60
に	伝統的な	を	つた	豊かさ

1.

女：もう降り出した。明日学校へどうやって行くの？

男：母親が車で送ってくれるつもりだったけど、大雪だからだめみたいなあ。

女：そうね。自転車も危ないし、それじゃ、駅まで歩いて電車で行こう。

2.

男：花子ちゃん、何が食べたいの？僕はミルクティー、熱いの。

女：私も。それから、チーズケーキ一個でいい？ここのチーズケーキは美味しいそうで、一緒に食べてみよう。

男：うん、いいよ。

女：アイスクリームは？

男：アイスクリームは好きだけど、熱いものと冷たいものと一緒に食べるのはちょっと…

3.

男：趙さん、休みの日はいつも何をしていますか。

女：休みの日はいつも宿題をしたり、漫画を読んだりしています。

男：では、今週の日曜日、一緒に漫画の展覧会に行きませんか。

女：すみません、今週の日曜日はちょっと。来週の月曜日は数学のテストがありますから、今週の日曜日は家で復習しないと。

男：そうですか。また今度ね。

4.

男：王さん、申込書はもう提出した？

女：大体できたけど、指導教員が確認しなきゃいけないところがあるから、時間に間に合うかどうか。ねえ、締め切りはいつ？

男：六日だよ。来週の月曜日って。

女：来週の月曜日か。あと五日間ね。

5.

男：本日も京安地下鉄をご利用いただきまして、ありがとうございます。お客様にお知らせいたします。市民広場駅へいらっしゃる方は、14番線または20番線の地下鉄にお乗り換えください。また、昨日から、記念公園駅ができました。記念公園駅へいらっしゃる方は、18番線の地下鉄にお乗り換えください。

6~8.

女：田中さん、今度の演劇祭、何を演じる？

男：僕は「動物」を演じるつもり。

女：へえ…動物って？

男：『隣のトトロ』を見たことがある？実は、僕はこの「トトロ」を演じるつもりだよ。顔も出さなくてもいいし、セリフもないし、めっちゃ簡単だよ。

女：ハハハハ、おもしろそうね。じゃ、いつ、どこで？

男：来月の25日、金曜日の夜だよ。もともとは学校の文化体験室で、今は階段教室に変わったんだ。

女：楽しみだね。ぜひ行ってみたい。

9~11.

男：では、町を案内させていただきます。今住んでいる町には、立派な図書館があります。50年ぐらい前に建てられたものです。しかし、古くなって危険なので、建て直す計画中で、中に入ることができません。そばには広い公園があります。祖父の話では、今から300年ぐらい前、ここで大きな地震があって、建物も倒れてしまったそうです。その時、この町に住んでいた人々は自分の家のために、力とお金を大量に投入して、自分の家を再建しました。この公園もその時作られたものです。

12~14.

女：ああ、今年のスイカは美味しいね。あのね、スイカはダイエットにもいいみたいよ。

男：本当？

女：そう。スイカに含まれている成分が体内の脂肪を燃やしてくれるんだよ。

男：へえ、そうか。スイカが甘いから、いっぱい食べたら太っちゃうかと思った。

女：それは誤解だよ。スイカの糖質やカロリーはフルーツの中ではそれほど高くないよ。

男：へえ、なるほど、よく勉強になった。それじゃ、ぼくも一個…

15~17.

（インタビュー）

女：初めまして、深夜番組の佐藤です。こちらは８０歳で創作を続ける田中監督です。田中さん、一度引退すると宣言されましたよね。

男：はい。

女：今度また創作を続ける理由は何ですか。

男：理由なんかないですよ。またやりたくなっただけの話なんですけど。というよりは、年を取ると、体も持たないし、本当に引退するつもりだったんです。でも、時間ができるとうろうろ歩き回って、だんだん体調が治ってくると、「やってないこともある」とか「このこと、私はまだ手を出していなかったなあ」と思って、何か新しいストーリーを創作したくなるんです。

女：そうですか。ありがとうございます。新作を楽しみにしています。

18~20.

女：皆さん、日本の「ゴミの分別について」、紹介させていただきます。日本では、ゴミ分別の方法は都道府県によって異なりますが、大体以下のような四種類に分けられています。「可燃ゴミ」、「不燃ゴミ」、「資源ゴミ」と「粗大ゴミ」です。「可燃ゴミ」は紙や布など家庭で出る主なゴミです。ガラスや金属のような燃やすことができないゴミは「不燃ゴミ」で、リサイクルできるものは「資源ゴミ」です。「粗大ゴミ」はソファーや自転車などのような大きいゴミです。皆さん、ゴミを捨てる時ご注意ください。

答案详解

第一部分　听力

第一节

1.【参考答案】B

　【本題問題】女子明天怎么去上学？

　【答案解析】女：駅まで歩いて電車で行こう。（走路去车站，坐电车去。）此题考查提取具体信息，故答案选B（电车）。

2.【参考答案】C

　【本題問題】男子点什么？

【答案解析】男：僕はミルクティー、熱いの。（我要奶茶，热的。）随后女子提议再要一份芝士蛋糕，男子答：うん、いいよ。（嗯，好的。）表示同意。紧接着，女子又提议要不再来一份冰激凌，男子答：アイスクリームは好きだけど、熱いものと冷たいものと一緒に食べるのはちょっと…（我喜欢吃冰激凌，但热的和冷的一起吃的话，可能会不太好……），此题考查提取具体信息，故答案选C（奶茶和芝士蛋糕）。

3.【参考答案】B

　　【本题问题】数学考试是什么时候？

　　【答案解析】女：来週の月曜日は数学のテストがありますから。（下周一有数学考试。）此题考查提取具体信息，故答案选B（下周一）。

4.【参考答案】A

　　【本题问题】今天是几号？

　　【答案解析】男：6日だよ。来週の月曜日って。（6号。下周一。）女：来週の月曜日か。あと5日間ね。（下周一啊，还有5天。）此题考查简单逻辑推断，故答案选A（1号）。

5.【参考答案】B

　　【本题问题】前往纪念公园站的乘客，需要乘坐几号线？

　　【答案解析】男：記念公園駅へいらっしゃる方は、18番線の地下鉄にお乗り換えください。（前往纪念公园站的乘客，请乘坐地铁18号线。）此题考查提取具体信息，故答案选B（18号线）。

第二节

6.【参考答案】B

　　【本题问题】男子演什么角色？

　　【答案解析】男：僕はこの「トトロ」を演じるつもりだよ。（我打算演"龙猫"。）此题考查提取具体信息，故答案选B（龙猫）。

7.【参考答案】A

　　【本题问题】男子演这个角色的理由是什么？

　　【答案解析】男・顔も出さなくてもいいし、セリフもないし、めっちゃ簡単だよ。（不用露脸，也没有什么台词，非常简单。）此题考查提取具体信息，故答案选A（简单）。

8.【参考答案】C

　　【本题问题】戏剧节在哪里举办？

　　【答案解析】男：もともとは学校の文化体験室で、今は階段教室に変わったんだ。（本来是在学校的文化体验室，现在改在阶梯教室。）此题考查提取具体信息，故答案选C（阶梯教室）。

9.【参考答案】C

　　【本题问题】男子正在做什么？

　　【答案解析】男：では、町を案内させていただきます。（那么，让我来给大家介绍一下这座城镇。）此题考查提取具体信息，故答案选C（介绍城镇）。

10.【参考答案】B

　　【本题问题】这个公园是多少年前建造的？

　　【答案解析】男：祖父の話では、今から３００年ぐらい前、ここで大きな地震があって、建物も倒れてしまったそうです。その時、この町に住んでいた人々は自分の家のために、力とお金を大量に投入して、自分の家を再建しました。この公園もその時作られたものです。（据祖父说，距今300年前，这里发生过大地震，建筑物都倒了。那个时候，住在镇上的人们为了自己的家园，投入了大量的精力和金钱进行重建。这个公园也是在那个时候被建造起来的。）此题考查简单逻辑推断，根据这句话，可以推断公园建造的时间在地震之后，故答案选B（300年前）。

11.【参考答案】B

　　【本题问题】地震过后，镇上的人做了什么事？

　　【答案解析】男：その時、この町に住んでいた人々は自分の家のために、力とお金を大量に投入して、自分の家を再建しました。（那个时候，住在镇上的人们为了自己的家园，投入了大量的精力和金钱进行重建。）此题考查提取具体信息，故答案选B（花钱对家园进行重建）。

12.【参考答案】B

　　【本题问题】两人在讨论什么话题？

　　【答案解析】女：あのね、スイカはダイエットにもいいみたいよ。（对了，西瓜对减肥好像也非常有帮助哦。）此题考查简单逻辑推断，根据这句话，并结合接下来两人所讨论的内容，西瓜中所含的成分、含糖量及卡路里，可以推断出两人主要是在讨论有关西瓜的功效这一话题，故答案选B（西瓜的功效）。

13.【参考答案】A

　　【本题问题】西瓜对减肥有好处的原因是什么？

　　【答案解析】女：スイカに含まれている成分が体内の脂肪を燃やしてくれるんだよ。（西瓜里所含的成分可以帮我们燃烧体内的脂肪。）此题考查提取具体信息，故答案选A（所含的成分可以燃烧脂肪）。

14.【参考答案】C

　　【本题问题】男子接下来要做什么？

　　【答案解析】男：へえ、なるほど、よく勉強になった。それじゃ、ぼくも一個…（啊，原来如此，那么也给我来一块……）此题考查简单逻辑推断，根据这句话，可以推断男子接下来想要吃西瓜，故答案选C（吃西瓜）。

15.【参考答案】B

【本题问题】谁跟谁在对话？

【答案解析】女：初めまして、深夜番組の佐藤です。こちらは８０歳で創作を続ける田中監督です。（初次见面，我是深夜节目的佐藤。这位是80岁了还依旧在创作的田中导演。）此题考查简单逻辑推断，根据这句话，可知两人的关系是主持人和导演，故答案选B（主持人和导演）。

16.【参考答案】A

【本题问题】田中导演想引退的理由是什么？

【答案解析】男：年を取ると、体も持たないし、本当に引退するつもりだったんです。（上了年纪，身体也吃不消了，所以原本真的是打算退休了。）此题考查提取具体信息，故答案选A（因为上了年纪，身体变得不好）。

17.【参考答案】B

【本题问题】田中导演现在再创作的理由是什么？

【答案解析】男：だんだん体調が治ってくると、「やってないこともある」とか「このこと、私はまだ手を出していなかったなあ」と思って、何か新しいストーリーを創作したくなるんです。（身体渐渐变好起来之后，开始想着"这个我还没做""那个我还没涉及"，就想创作一部新的故事。）此题考查简单逻辑推断，根据这句话，可以推断田中导演现在再创作的理由是想做一些还没做的事，故答案选B（因为还有一些没做的事）。

18.【参考答案】A

【本题问题】女子在说什么话题？

【答案解析】女：皆さん、日本の「ゴミの分別について」、紹介させていただきます。（大家好，现在让我来给大家介绍日本"垃圾分类"的相关事项。）此题考查提取具体信息，根据这句话，并结合后面所展开的具体垃圾分类，可以推断女子在讲有关垃圾分类的知识，故答案选A（垃圾的分类）。

19.【参考答案】A

【本题问题】哪些是不可燃垃圾？

【答案解析】女：ガラスや金属のような燃やすことができないゴミは「不燃ゴミ」で…（像玻璃呀，金属呀那样的不可焚烧的垃圾是"不可燃垃圾"……）此题考查提取具体信息，根据这句话，结合所给出的三个答案，只有金属和玻璃同时符合原文的归类，故答案选A（金属和玻璃）。

20.【参考答案】C

【本题问题】沙发属于什么垃圾？

【答案解析】女：「粗大ゴミ」はソファーや自転車などのような大きいゴミです。（大型垃圾指的是像沙发呀，自行车呀那样的大件垃圾。）此题考查提取具体信息，根据这句话，结合问题，故答案选C（大型垃圾）。

（一）

原文	中文翻译
クラスにいると、たびたび耳にするのは、「お母さんはうるさい。」「親が面倒くさい。」という言葉だ。聞くたびに重たい気持ちになる。なぜなら、<u>僕は知っているからだ</u>。いつか後悔することを。僕も、かつては親に向かって「うるさい。」と言ったことがある。 　　僕が小学校３年生のある日、家に帰ると母がいなかった。僕は父に「お母さんは？」と聞くと、父は「もうお母さんは家に戻らないんだ。ごめん。」と言った。すぐに何が起こったのか分からず、ただ立ち尽くしている（站着一动不动）状態を覚えていた。 　　翌日、家に戻って「ただいま。」と言っても、返事はなかった。僕は<u>その時</u>、母がいなくなったことを痛感した。特に悲しみがあったのは、朝のご飯、昼のご飯、夜のご飯が温かいご飯ではないことだった。 　　パンや買ってきた弁当が続いたある日、我慢できずに「温かいご飯が食べたい。お母さん帰ってきてくれ。」と言い、寝るまで泣き続けた。 　　（ア　そして）、後悔の念が込み上げて（涌上心头）きた。宿題をしなさいと母に言われた時、僕が「うるさい。」と言わずに、いつも僕のことを思ってくれた言葉に「だまっててよ。」と言い返さなかったら、今も温かいご飯が待っていたのかもしれないと、何度も考えた。	在班里经常听到的一句话是："妈妈很烦人。""父母真麻烦。"每次听到这些话我都会心情变得沉重。因为我知道总有一天他们会后悔的。我曾经也对父母说过"你们真烦"这样的话。 　　我上小学三年级的时候，有一天，回到家里发现妈妈不在。我问爸爸："妈妈呢？"爸爸说："妈妈不会再回来了，对不起。"当时我不明白发生了什么，只记得自己呆立在原地。 　　第二天回到家，说"我回来了"却没有回应。那时我才深刻地感受到母亲的离开。尤其让我伤心的是，早饭、午饭和晚饭都不再是热腾腾的饭菜。 　　在接连吃了好几天面包和买来的便当后，我终于忍不住说："我想吃热腾腾的饭菜。妈妈，请回来吧。"然后一直哭到睡着。 　　然后，后悔的念头涌上心头。我不断这样想，当妈妈叫我做作业时，要是我没有回嘴说"吵死了"就好了，要是面对她一直为我着想的唠叨的时候，我没有说"别说了"就好了，也许那样，现在我还能吃到热腾腾的饭菜。

21.【参考答案】C

　　【本题问题】文中的"因为我知道"，这里指作者知道什么？

　　【答案解析】本题考查对画线句及下一句的理解，题目问的是：作者知道的具体内容是什么。根据画线句及下一句的翻译"因为我知道总有一天他们会后悔的。我曾经也对父母说过'你们真烦'这样的话"，故应是作者知道总有一天他们也会后悔说了抱怨父母的话。由此可见，选项C正确。

22.【参考答案】B

　　【本题问题】文中的"那时"指代的是什么时候？

【答案解析】本题考查对第三段的理解，题目问的是："那时"具体指代的内容。根据前一句的翻译"第二天回到家，说'我回来了'却没有回应"，没有人回应是因为母亲已经不在家了。由此可见，选项B正确。

23.【参考答案】A

【本题问题】在文中（ ア ）的位置放入哪个词最合适？

【答案解析】本题考查接续词，题目问的是：第四段最后1句"寝るまで泣き続けた"与第五段第1句"後悔の念が込み上げてきた"的逻辑关系。选项A是"然后"，选项B是"当然"，选项C是"但是"，选项D是"然而"。根据前文作者渐渐深刻地感受到妈妈不在家了，随之而来的是后悔，后悔妈妈在身边的时候没有好好珍惜。由此可见，选项A正确。

24.【参考答案】D

【本题问题】作者的心情是如何变化的？

【答案解析】本题考查对全文的理解，题目问的是：作者在整篇文章中的心境变化。作者刚开始听到爸爸说"妈妈不会再回来了，对不起"的时候还不明白这代表什么，但深刻感受到妈妈真的不会再回来以后，后悔的情绪便涌上心头，后悔妈妈在身边的时候没有好好珍惜，后悔自己曾经说的抱怨妈妈的话。由此可见，作者的情绪变化是由"不关心，不在意"转变为"后悔"，选项D正确。

25.【参考答案】B

【本题问题】作者最想表达的是什么？

【答案解析】本题考查对文章主题的理解，题目问的是：作者想要表达的感情色彩是什么。作者的妈妈在身边的时候没有好好珍惜、感谢妈妈的付出，在妈妈离开家以后才感到后悔。由此可见，选项B正确。

（二）

原文	中文翻译
食べ物に関しては、適量を摂取し、適切に排泄することが健康の秘訣だろう。同様に、お金に関しても適度に稼ぎ、適度に使うことで、健康な生活を送ることができる。 しかし、ほとんどの人が、できるだけたくさん稼いで、あまり使いたくないと考えている。 ほとんどの人がお金の過食症か、拒食症にかかっていると言えるだろう。 お金をたくさん稼ぐこと、貯めることは、悪いことではない。（ア でも）、お金を稼ぐために、また倹約するために、苦しいだけの生活、苦い生活を長期にわたって送り、幸福を感じることができない生活を選ぶことは、自分にとって良くないのではないだろうか。	关于食物，适量摄取并适时排泄是保持健康的秘诀。同样地，关于金钱，适度赚取和适度使用可以过上健康的生活。 然而，大多数人都希望尽可能地多赚钱，却不愿意多花钱。 可以说，大多数人都患有金钱的暴食症或厌食症。 拼命赚钱和努力存钱并不是坏事。但是，为了赚钱和节约而选择长期过着艰辛且困苦的生活，导致无法感受到幸福，对自己来说并不好。

| 大金を使わなくても幸せを感じられることもあれば、さらにお金を使わなくても幸せを感じられることもある。

自分が幸せに過ごせるように必要なお金を稼ぎ、自分がある程度幸せに過ごすのに適度なお金を使い、できれば貯金していけたらいいのだ。その金額は、人によって違っていいのだと思う。

現在自分が幸せに暮らせていないと思う人は、もしかしたら自分は「お金の過食症ではないか？」「お金の拒食症ではないか？」と考えてみるといいのかもしれない。 | 有时候，即使不花大笔钱也能感受到幸福，甚至有时候，即使不花钱也能感受到幸福。

为了过上自己认为幸福的生活而赚取自己所需的钱，适度地花费能让自己过上幸福生活的金钱，在此基础上，适当储蓄，这就更好了。花费的金额则因人而异。

如果你觉得自己目前无法过上幸福的生活，不如考虑一下自己是不是有"金钱暴食症"或"金钱厌食症"，也许会有所帮助。 |

26.【参考答案】B

【本题问题】患有"金钱暴食症"的状态是哪一项？

【答案解析】本题考查对第二段的理解。题目问的是："金钱暴食症"的具体含义。"然而，大多数人都希望尽可能多地赚钱，却不愿意多花钱"，因此金钱暴食症是指想要尽可能地多赚钱，厌食症是指不想要花钱，由此可见，选项B正确。

27.【参考答案】C

【本题问题】在文中（　ア　）的位置放入哪个词最合适？

【答案解析】本题考查对上下文的理解。题目问的是：第四段第1句和第2句之间的逻辑关系。上文提到"拼命赚钱和努力存钱并不是坏事"，下文"为了赚钱和节约而选择长期过着艰辛且困苦的生活，无法感受到幸福，对自己来说并不好"。根据上下文，前后是转折关系。由此可见，选项C正确。

28.【参考答案】B

【本题问题】关于"拼命赚钱"，符合文章内容的是哪一项？

【答案解析】本题考查对第三段的理解，题目问的是：文章中对"拼命赚钱"的看法。"拼命赚钱和努力存钱并不是坏事"，由此可见，选项B正确。

29.【参考答案】D

【本题问题】关于"艰辛且困苦的生活"，符合文章内容的是哪一项？

【答案解析】本题考查对第四段的长句的理解，题目问的是：文章中对"艰辛且困苦的生活"的看法。"但是，为了赚钱和节约而选择长期过着艰辛且困苦的生活，无法感受到幸福，对自己来说并不好"。由此可见，选项D正确。

30.【参考答案】A

【本题问题】目前生活得不幸福的话，该如何做？

【答案解析】本题考查对最后一段的理解。题目问的是：如何解决目前生活得不幸福的问题。"不如考虑一下自己是不是有'金钱暴食症'或'金钱厌食症'也许会有所帮助。"因此选项A有必要反思一下自己是否过于在意金钱，符合文章内容，由此可见，选项A正确。

原文	中文翻译
願いごとのために、３年間は酒を断とうと男が誓いました。ところが、翌日には早速、仲間のところへ行ってしまいました。「もうやめたのかい？」と友達が聞きました。「いや、３年を６年に延ばして、代わりに夜だけは飲むことにした。」「それなら、１２年にして昼からでも飲めばいいじゃないか？」「いいアイディアじゃないか。」	为了实现一个愿望，一个男人发誓三年不喝酒。然而，第二天他立刻去找朋友了。朋友问道："你已经放弃了吗？"他回答说："不，我将3年延长到6年，但就改为晚上可以喝。"朋友说："那你干脆延长到12年，白天也可以喝不是吗？""这真是个好主意啊。"
これは古いお話です。新年が始まると、多くの人が今年こそはと誓いを立てます。禁酒、日記、ランニング…。三が日（正月头三天）が過ぎ、（ア　まだ）無事に続いているでしょうか。それとも早くも白旗を挙げているのでしょうか。	这是一个古老的故事。新年开始时，许多人都会许下新年愿望。戒酒、写日记、跑步……三天过去了，这些愿望还能坚持下去吗？还是已经早早放弃了呢？
『コンサルタントの習慣術』という本によれば、三日坊主で終わるのは、コツが掴め（掌握，抓住）ていないからです。ただ無理に頑張るのではなく、目的や目標、手段をはっきりさせることが肝心（关键）らしいと言われています。	根据《顾问的习惯法则》这本书，很多人对于干活只有三分钟热度，是因为没有抓住诀窍。这本书认为，关键是要明确目的、目标和手段，而不是只强迫自己努力。
書きながらお恥ずかしいが、それをうまく実践できるか、わたしには自信がありません。父の没後、若い時の日記を数冊見たことがあります。連日の記録は３月ごろからは間隔が開き、秋にはすっかり白紙に。それでも、毎年、新しい日記帳に「今年こそ書き続ける」と書いています。	写到这里有点不好意思，我能成功实践这一点？我自己并没有自信。在父亲去世后，我看过他年轻时期的几本日记。日记记录的频率从3月开始就变得时隔很久才记一次，，到了秋天日记本完全变成了空白。尽管如此，每年父亲都会在新的日记本上写下"今年一定要坚持写下去"的字样。
この親にしてこの子ありか。ご同輩の皆さんと、有名なジョーク（笑话）を共有したいと思います。「禁煙なんて簡単なことだ。これまでに千回もしてきた」。同じ誤りを繰り返しては悔やみます。それもまた人間らしいです。	有其父必有其子。我想与各位同行分享一个著名笑话："戒烟很简单，我已经戒了1000次了。"重复同样的错误然后后悔，这大概也是人类的共性吧。

31.【参考答案】D

【本题问题】准备戒酒的男人第二天做了什么决定？

【答案解析】本题考查对第一段的理解，题目问的是：准备戒酒的男人起了誓之后的做法是什么。准备戒酒的男人第二天便又去找酒友了，由此可见，最终戒酒失败，男人决定和往常一样和朋友一起喝酒。选项D正确。

32.【参考答案】B

　　【本题问题】在文中（　ア　）的位置放入哪个词最合适？

　　【答案解析】本题考查对句子的理解。题目问的是：第二段第4~5句句际的逻辑关系。根据后句"还是已经早早放弃了呢？"前句应该是仍然在坚持，选项B表示"仍然，还"，由此可见，选项B正确。

33.【参考答案】C

　　【本题问题】为什么文中说"写到这里有点不好意思"？

　　【答案解析】本题考查对前后句意的理解，题目问的是：作者认为"不好意思"的原因是什么。前一段介绍了能够坚持下去的秘诀，又根据后句"我能成功实践这一点吗？我自己并没有自信"。由此可见，选项C正确。

34.【参考答案】A

　　【本题问题】文中的"有其父必有其子"这句话是什么意思？

　　【答案解析】本题考查对句意的推断能力。题目问的是："有其父必有其子"的句子含义。根据上文，父亲的日记写写停停，再到后文，"我"跟大家分享"戒烟很简单，我已经戒了1000次了"，故应是"父子都做了相似的事情"。由此可见，选项A正确。

35.【参考答案】C

　　【本题问题】关于文章不正确的是哪一项？

　　【答案解析】本题考查对文章的理解，题目问的是：不符合文章内容的是哪一项。选项C不是作者的日记本，是父亲去世后，"我"看了父亲的日记本。由此可见，选项C不正确，故选C。

（四）

原文	中文翻译
日本では、四季がはっきりしている。気候変動によって季節の到来が早まったり、遅れたりすることもあるが、基本的には昔から変わらないという流れがある。 　ふだん何げなく見ている景色も四季によって移り変わる。それを彩るのは植物であり、日本人は昔から関心を寄せ、行事や習俗に注目し、日々の暮らしに持ち込んできた。日本人ほど行事に植物を取り入れた民族は少ない。例えば、正月の門松や二月節分の豆撒き、三月のひな祭りの桃の花など。これらはいずれも暦に基づく行事で、行事そのものは中国の節句に由来しても、そこに用いられる植物は日本独自のものである。	日本四季分明。尽管气候变化可能导致季节提前到来或延迟，但基本上，一直以来都变化不大。 　我们平常看到的风景也会随着四季的变化而变化。植物起到了点缀景色的作用，日本人自古以来就对植物非常感兴趣，并将其融入节日和习俗中，融入日常生活中。像日本人一样将植物融入节日中的民族很少。例如，正月的门松、二月的撒豆和三月的女儿节的桃花等。这些都是基于日历的节日，虽然节日本身源自中国，但其中所使用的植物却是日本独有的。

さらに、暦によらない植物行事もある。<u>中秋の月見</u>は月の運行に従うので、当然毎年のように日が変わる。中秋の月見は中国でも盛んだが、ススキ（芒草）を飾ることはない。また、なぜ、多くの秋の花の中でススキが特別な存在とされるのだろうか。ススキはサトイモ（芋头）と組み合わせたり、餅ではなく団子を供えるなど、古代の日本の風習が今もなお息づいていることを感じさせる。 　まったく暦によらない日本独自の年中行事もある。その代表的な例は花見で、毎年開花予測が行われ、数輪咲いただけで開花宣言が出され、満開となると、<u>花見客の賑わいぶりが一斉に報道される</u>。世界の新聞の中で、花の開花を一面で報じるのは日本だけである。また、集団で花を見て、酒を飲み、ごちそうを食べるのも、世界に（ア <u>似たことがない</u>）。	此外，还有一些与日历无关的植物活动。中秋赏月是根据月亮的运行而进行的，所以自然每年的日期都会不同。中秋赏月在中国也很盛行，但不会用芒草来装饰。另外，为什么芒草在众多秋季花卉中被视为特殊存在呢？因为芒草常与芋头搭配，用团子而不是饼子供奉，这让人感受到古代日本的风俗仍然存在。 　日本还有一些完全不依赖于日历的独特活动。其中最具代表性的例子就是赏花，每年都会进行花期预测，只要有几朵开放，就会宣布花开，当花朵盛开时，赏花游客的热闹场面会被一同报道。世界的报纸中，只有日本会在头版上报道花朵的开放情况。此外，集体赏花、喝酒、享受美食这种现象也是独一无二的。

36.【参考答案】B

　　【本题问题】关于日本的四季，正确的是哪一项？

　　【答案解析】本题考查对第一段第2句的句意理解。题目问的是：日本四季的特点。根据第一段第2句"尽管气候变化可能导致季节提前到来或延迟，但基本上，一直以来都保持不变"。由此可见，选项B正确。

37.【参考答案】D

　　【本题问题】文中的"那个"指代的内容是哪一项？

　　【答案解析】本题考查对第二段第1句的句意理解。题目问的是："那个"指代的具体内容。第1句"我们平常看到的风景也会随着四季的变化而变化"，即日常生活中目之所及的景色，因为有了植物的装点变得色彩缤纷。由此可见，选项D正确。

38.【参考答案】D

　　【本题问题】关于文中的"中秋赏月"，不正确的是哪一项？

　　【答案解析】本题考查对第三段第3句的理解，题目问的是：关于"中秋赏月"中日的异同点。"中秋赏月在中国也很盛行，但不会用芒草来装饰"。选项D不正确，故选D。

39.【参考答案】C

　　【本题问题】文中"赏花游客的热闹场面会被一同报道"是什么意思？

　　【答案解析】本题考查对句意的理解。题目问的是：画线句在文中的意思。根据句子翻译，选项C正确。

40.【参考答案】A

【本题问题】在文中（　ア　）的位置放入哪个词最合适？

【答案解析】本题考查对句子的理解。题目问的是：放入文中空白处合适的内容。根据前句"只有日本会在头版上报道花朵的开放情况"以及本句中的"また（此外）"，可知本句与前句为并列关系，也就是说集体赏花、喝酒、享受美食这种现象也是在世界上独一无二的。选项A表示"没有相似的"，选项B表示"被普及"，选项C表示"经常存在"，选项D表示"习以为常"，由此可见，选项A正确。

第三部分　语言运用

第一节

原文	中文翻译
１９９０年代、群馬県にある伊香保温泉での出来事です。41一軒の旅館で、大浴場にいた宿泊客が怒りの声をあげて、障害者の客が浴場を汚したと苦情を言い立てていました。女将（女老板）だった和子さんは何度も頭を下げ、「すみません、すみません」と42あやまりました。 　それでも客の怒りは収まらず、ついには障害者たちに宿泊を提供するのが悪いというようなこと43まで口にしました。女将は我慢できなくて44こう言いました。「お客さまに別の旅館に行っていただけませんか。この人たちは、うちにしか来られないんですよ」。 　当時、確かに車椅子用の設備を整え、障害者を積極的に受け入れている旅館は45少なかったです。そばにいた娘の由起さんは「母親の言い方は乱暴だ46けど、間違いはない。うちの旅館はそういうところなんだ」と思いました。 　先代女将の和子さんになぜ、あのとき、あんなことを言ったのかと尋ねてみました。和子さんは返事に困っているようでしたが、47やがて心を打ち明けました。中学のとき、小児麻痺の仲がいい友だちがいて、その子が悲しい48思いをしていました。「でもね、そういう世の中じゃいけないと思ったんですよ」。和子さんは穏やかに述べました。	这是 20 世纪 90 年代在群马县伊香保温泉发生的故事。在41一家旅馆的大浴池里，一位住宿客发出愤怒的声音，抱怨说残疾客人弄脏了浴池。前任老板娘和子女士一再低头42道歉，说："对不起，对不起。" 　尽管如此，客人的愤怒并未平息，最终43甚至说出了类似向残疾人客人提供住宿是错的话。老板娘无法忍受，44这样说道："能否麻烦你们去别的旅馆呢？因为这些人只能来我们这里。" 　当时，确实45很少有旅馆为残疾人提供轮椅设施，并积极接待残疾人。在场的女儿由起小姐认为："母亲的说法虽然粗暴，46但并没有错。我们的旅馆就是这样的地方。" 　我曾询问前任老板娘和子女士为什么会在那时说出那样的话。和子女士似乎很为难，但47不久就坦率地说出了心里话。她在中学时有一个患小儿麻痹症的好朋友，那个朋友曾经48感到很伤心。"但是，我觉得这样的社会不应该存在。"和子女士温和地说道。

その事件から２０年以上が経って、旅館の女将は現在、由起さんが受け継いで <u>49 います</u>。徹底して「旅行弱者」に寄り添う（关爱，靠近）旅館を作るのは彼女が目指す <u>50 こと</u>です。障害者や幼児を連れた家族客が、安心して過ごせる宿を理想としています。そのようなバリアフリー（无障碍）などの取り組みは地元で注目を集めています。	20多年过去了，现任老板娘由起小姐继承 <u>49 着</u>这家旅馆。打造一个全面关爱"旅行弱者"的旅馆是她追求的 <u>50 事</u>。她的理想是让残障人士和带着幼儿的家庭客人能够安心地度假。这样一些无障碍的举措在当地受到了关注。

41.【参考答案】C

　　【本题考点】考查量词的用法。

　　【答案解析】设问处在"旅館（日式旅馆）"前面，用以修饰"旅馆"的数量，可知选项C"軒（计数建筑物（整体）的量词）"是正确答案。选项A是"間（计数房间的量词）"，选项B是"個（计数立体的物品的量词）"，选项D是"件（计数事件的量词）"。

42.【参考答案】A

　　【本题考点】考查动词读音辨析。

　　【答案解析】设问处在"頭を下げ（低头）""すみません（不好意思）"后面，说明要填的是表达相近语义的选项，可知选项A"あやまり（謝る：道歉）"是正确答案。选项B是"あつまり（集まる：集合，集中）"，选项C是"あずかり（預かる：保管，看管）"，选项D是"あらそい（争う：争吵，争夺）"。

43.【参考答案】D

　　【本题考点】考查副助词"まで"。

　　【答案解析】设问处在"ついに（最终）""障害者たちに宿泊を提供するのが悪い（向残疾人客人提供住宿是错的）"后面，说明需要填入一个表达程度的副助词，可知选项D"甚至"是正确答案。选项A是"大概，左右"，选项B是"正是"，选项C是"只有，仅仅"。

44.【参考答案】A

　　【本题考点】考查指示代词"こう"。

　　【答案解析】设问处在"お客さまに別の旅館に行っていただけませんか。この人たちは、うちにしか来られないんですよ（能否麻烦你们去别的旅馆呢？因为这些人只能来我们这里）"前面，说明需要指代的内容在后文，可知选项A"こう"是正确答案。选项B用于指代前文，选项C指代双方共同的回忆，选项D用于疑问句。

45.【参考答案】B

　　【本题考点】考查形容词的意思及时态辨析。

　　【答案解析】设问处在"当時（当时）"后面，说明时态应该为过去时，结合上文客人们对待残疾人住宿的态度，可知选项B"少なかった（过去很少）"是正确答案。

选项A是"过去很多"，选项C是"现在不多"，选项D是"现在不少"。

46.【参考答案】C

【本题考点】考查接续助词的用法。

【答案解析】设问处在"母親の言い方は乱暴だ（母亲的说法粗暴）"以及"間違いはない（并没有错）"之间，说明要填的是两句话之间的逻辑关系，可知选项C"けど（表转折关系）"是正确答案。选项A表示假定关系，选项B表示并列关系，选项D表示因果关系。

47.【参考答案】A

【本题考点】考查副词意思的辨析。

【答案解析】设问处在"和子さんは返事に困っているようでしたが（和子似乎很为难）"后面，结合下文当中的"心を打ち明けました（坦率地说出了心里话）"，可知选项A"不久"是正确答案。选项B是"一定"，选项C是"大概"，选项D是"顺便"。

48.【参考答案】B

【本题考点】考查名词的固定搭配。

【答案解析】设问处在"悲しい__48__をしていました"的中间，这里构成句型"～思いをする（有……感觉，有……经验）"，可知选项B"感觉到悲伤"是正确答案。选项A是"感情"，选项C是"心情"，选项D是"想法"。

49.【参考答案】A

【本题考点】考查补助动词"～ている"的用法。

【答案解析】设问处在"旅館の女将は現在、由起さんが受け継いで（现任老板娘由起小姐继承了这家旅馆）"后面，结合语境表示现在持续的状态，可知选项A"～ている（现在进行；状态持续）"是正确答案。选项B是"～てある（有目的、有意识做了某一动作，并且强调这个动作的结果一直持续着）"；选项C是"～てくる（从远及近；从过去到现在；去去就回；现象从无到有地产生）"；选项D是"～ておく（提前做，放置不管）"。

50.【参考答案】D

【本题考点】考查形式名词的用法辨析。

【答案解析】设问处在「旅行弱者」に寄り添う旅館を作る（打造一个全面关爱'旅行弱者'的旅馆）"后面，这句话是表示旅馆主人由起小姐的理想，指代的是事情，构成句式"～のは～ことです"，可知选项D"こと（事情）"是正确答案。选项A是"目的"，选项B是"打算"，选项C是"地方"。

第二节

51.【参考答案】違

【答案解析】考查单词"違う"的当用汉字。

52.【参考答案】難しく

【答案解析】考查一类形容词修饰动词的用法。后文的"なります"是动词，因此"難しい"需要变形为"難しく"。

53.【参考答案】減っ

【答案解析】考查动词的"て形"的变形。"減る"是特殊的一类动词，变形规则与一类动词相同。由于后面接续补助动词"〜てしまう"，此处要求变为动词的"て形"，变形规则为促音变，即"る"变为促音"っ"。

54.【参考答案】へ

【答案解析】考查助词"へ"表移动方向的用法。后文的"入り口（入口）"提示需要"へ"构成"〜への入り口"，表示"通往……的入口"。

55.【参考答案】持たせる

【答案解析】考查动词使役态。"機会を持つ"表示"拥有机会"。前面的"子どもたち"的提示助词为"に"，因此推断出主语应该为"大人"。"大人让小孩子拥有接触这些语言的机会"。"持つ"是一类动词，此处要求变为使役态，一类动词的使役态变形规则为"う"段变"あ"段+"せる"，故答案为"持たせる"。

56.【参考答案】に

【答案解析】考查助词"に"表着落点的用法。后文的"取り入れる（引进，导入）"提示需要"に"构成"日常生活に取り入れる"，表示"引进到日常生活中"。

57.【参考答案】伝統的な

【答案解析】考查二类形容词修饰名词的用法。后文的"ゲーム（游戏）"是名词，因此"伝統的"需要活用为"伝統的な"。

58.【参考答案】を

【答案解析】考查助词"を"提示宾语的用法。构成句型"〜をもとに〜"，表示"以……为基础"。

59.【参考答案】つた

【答案解析】考查单词"伝わる"对应假名。

60.【参考答案】豊かさ

【答案解析】考查二类形容词的名词化形式。前文的"言語（语言）"是名词，中间有"の"，因此横线处需要填入名词。二类形容词变为名词需要把词尾的"だ"改为"さ"，因此答案为"豊かさ"。

第四部分　写作

第一节　范文

佐藤君

　こんにちは、李明です。

　お願いがあってメッセージを残しました。図書カードを無くしてしまったので、借りたい日本語小説が借りられません。もしよければ、日本語小説を貸してくれませんか。手数をかけますが、返事を待っています。

　2024年6月8日

　　　　　　　　　　　　　　　　　　　　　　　李明

第二節　范文

　　　　　　　　旅行について

　最近、中国では1日に1万歩以上歩き、時間や費用をあまりかけずに、できるだけ多くの観光地を巡る「特殊部隊式旅行」が大人気です。若者にとって、この新しい旅行スタイルは特別な青春の冒険であり、体力も鍛えられ、美味しい料理も味わえるので、私も一度体験してみたいです。

　ただし、私にとって旅行とはゆっくり楽しむものだと思います。冬休みになったら、ハルビンに行くつもりです。列車を利用して、行きたいです。途中で美しい景色を楽しみながら、友達とのおしゃべりができます。そして、お金も節約できます。到着したら、地元の料理を食べ、雪だるまを作ります。夜には、「氷の大世界」という遊園地でイルミネーションが付いた氷を見ます。きっと楽しい旅行になるでしょう。

新高考日语模拟卷（八）

答案速览

第一部分　听力

1	2	3	4	5	6	7	8	9	10	11	12	13	14	15	16	17	18	19	20
B	B	B	C	A	A	A	B	C	A	C	A	A	A	B	C	A	B	A	B

第二部分　阅读

21	22	23	24	25	26	27	28	29	30	31	32	33	34	35	36	37	38	39	40
D	C	D	D	A	D	A	B	C	C	D	A	D	C	B	A	C	D	D	C

第三部分　语言运用

第一节

41	42	43	44	45	46	47	48	49	50
B	C	D	A	B	A	B	A	C	B

第二节

51	52	53	54	55
様々な	が	に	育て	長く
56	**57**	**58**	**59**	**60**
働	のぞ	へ	よく	挙げられます

听力原文

1.

男：では、勉強会を始めようか。

女：はい。あれ、鈴木さんは？

男：熱があって寮で休んでいるから、今日は来ないよ。

女：そうか。残念だね。

2.

女：何しているの？

男：手紙を書いているところ。

女：へえ、よく手紙を書くの？

男：いいえ、たまに書くだけ。木村さんは？

女：私はほとんど書かないよ。メールしか使っていない。

3.

男：そろそろ12時だね。すき焼きでも食べない？

女：いいね。

男：この近くに美味しい店があるよ。そこへ行こうか。

女：行く行く。

男：1時ごろからは込むから、12時半までに行こう。

4.

男：昨日の試験はどうだった？

女：そうね。歴史は難しかったけど、数学ほどじゃなかったよ。

男：そうか、もっと頑張らないとね。

女：は～い。

5.

男：田中さん、体育館はどこですか？

女：あの建物です。

男：えっ、どれですか？

女：あの黄色いのです。

男：ああ、あれですね。向こうの建物は何ですか？

女：どれですか？

男：あの大きい建物です。

女：ああ、あれは図書館です。

男：そうですか。立派ですね。

6~8.

男：中国のスポーツ状況を調べました。まず、テレビ番組で一番見たいスポーツについて、バスケットボールが1位です。実は中国でバスケは国民的なスポーツだと呼ばれるほど人気です。ほかに、サッカー、卓球も人気があります。日常的なスポーツについては、ジョギングやバドミントンなどをする人も少なくありません。

9~11.

女：先輩、ちょっとよろしいですか？

男：ええ、何か。

女：実は、うちの書道部は再来週の月曜日募集を行う予定です。なので、募集用のポスターが必要なんです。

男：それで？

女：先輩は絵がとても上手だと聞きましたが、きれいな花とか描いていただけませんか？

男：いいけど、今週の土曜日までにレポートを出すから、そんなに早く描けないと思う。

女：来週の水曜日までにいただければいいです。

男：了解。やってみる。

女：お願いします。

12～14.

男：山田先生、お帰りなさい。

女：あ、佐藤先生。昨日北京から戻りました。留守中、いろいろありがとうございました。

男：いいえ、北京の日本語スピーチコンテストはどうでしたか？

女：面白かったです。

男：そうですか。何人ぐらい集まりましたか？

女：発表者は５０人ぐらいでした。

男：大勢いましたね。

女：ええ、うちの学校の王さんの発表は素晴らしかったです。

男：それはよかったですね。その後はどこかに行きましたか？

女：はい。李先生、王さんと一緒に３人で故宮に行きました。

15～17.

女：お待たせしました。ＡＢＣ車会社の李と申します。

男：もしもし、もみじ会社の高橋と申します。来週の工場見学について、ご相談したいことがありまして。

女：はい、何でしょうか？

男：実は、社長は御社の見学を楽しみにしているとずっと申していましたが、先日車にひかれて入院してしまいました。

女：大変ですね。ご無事でしょうか？

男：ええ、手術を受けて何とかなりましたが、今回の見学に参加できなくなりました。その代わりに、中村部長が参加することになりました。色々と申し訳ございません。

女：はい、わかりました。お待ちしております。

18～20.

女：日本は細長い国で、暖かい所もあれば寒い所もあります。それに、季節がはっきりしています。春は３月から５月ごろ、夏は６月から８月ごろ、秋は９月から１１月ごろ、また、冬は１２月から２月ごろまでです。日本の桜はとても有名で、毎年南から北へだんだん咲いてきます。例えば、九州では、桜の花は３月の終わりに咲きますが、東京では４月の初めに、北海道では５月の初めに咲きます。

▶ 答案详解

第一部分　听力

第一节

1.【参考答案】B

【本题问题】铃木现在在哪里？

【答案解析】男：熱があって寮で休んでいるから。（因为发烧在宿舍休息。）此题考查提取具体信息，故答案选B（宿舍）。

2.【参考答案】B

【本题问题】男子写信吗？

【答案解析】男：手紙を書いているところ。（我正在写信。）女：へえ、よく手紙を書くの？（是吗，你经常写信吗？）男：いいえ、たまに書くだけ。（不，我偶尔写信。）此题考查提取具体信息，故答案选B（是的，偶尔写信）。

3.【参考答案】B

【本题问题】两人什么时候去料理店？

【答案解析】男：そろそろ１２時だね。（快要12点了呢。）男：１時ごろからは込むから、１２時半までに行こう。（因为1点左右开始会拥挤，所以我们12点半之前去吧。）此题考查简单逻辑推断，故答案选B（12点15分左右）。

4.【参考答案】C

【本题问题】昨天的考试怎么样？

【答案解析】女：そうね。歴史は難しかったけど、数学ほどじゃなかったよ。（是啊，历史难，但是没有达到数学那样的程度。）此题考查学生对比较句型的理解和同义句型转换，原文"歴史は難しかったけど、数学ほどじゃなかったよ。"与选项C"歴史は数学より簡単だった"意思相同，故答案选C（历史比数学简单）。

5.【参考答案】A

【本题问题】图书馆是什么样的建筑物？

【答案解析】女：どれですか？（哪个啊？）男：あの大きい建物です。（那个大的建筑物。）女：ああ、あれは図書館です。（啊，那是图书馆。）此题考查提取具体信息，故答案选A（大的建筑物）。

第二节

6.【参考答案】A

【本题问题】在电视节目中最想看的是哪种体育项目？

【答案解析】男：テレビ番組で一番見たいスポーツについて、バスケットボールが１位です。（关于电视节目中想看的体育项目，篮球是第一位。）此题考查提取具体信息，故答案选A（篮球）。

7.【参考答案】A

【本题问题】哪种体育项目受欢迎到被称为中国国民运动的程度？

【答案解析】男：実は中国でバスケは国民的なスポーツだと呼ばれるほど人気です。（事实上在中国，篮球受欢迎被称为中国的国民运动的程度。）故答案选A（篮球）。

8.【参考答案】B

　　【本题问题】大部分人平时做什么运动？

　　【答案解析】男：日常的なスポーツについては、ジョギングやバドミントンなどをする人も少なくありません。（关于日常运动，选择慢跑和羽毛球等的人不少。）此题考查提取具体信息，故答案选B（羽毛球）。

9.【参考答案】C

　　【本题问题】男子擅长什么？

　　【答案解析】女：先輩は絵がとても上手だと聞きましたが、きれいな花とか描いていただけませんか？（我听说前辈您非常擅长画画，可以请您画些漂亮的花之类的吗？）此题考查提取具体信息，故答案选C（画画）。

10.【参考答案】A

　　【本题问题】报告必须什么时候之前提交？

　　【答案解析】男：いいけど、今週の土曜日までにレポートを出すから、そんなに早く描けないと思う。（可以，但是因为本周六前我要交报告，所以我觉得不能那么快画完。）此题考查提取具体信息，故答案选A（本周六）。

11.【参考答案】C

　　【本题问题】关于会话内容，正确的选项是哪项？

　　【答案解析】女：実は、うちの書道部は再来週の月曜日募集を行う予定です。なので、募集用のポスターが必要なんです。（事实上，我们书法部计划下下周一举办招新，因此需要用于招新的海报。）此题考查简单逻辑推断，原文"うちの書道部"与选项C"女の子は書道部のメンバーだ"表达方式虽不同，但意思相同，故答案选C（女子是书法部的成员）。

12.【参考答案】A

　　【本题问题】男子为什么对女子说"欢迎回来"？

　　【答案解析】男：山田先生、お帰りなさい。（山田老师，欢迎回来。）女：あ、佐藤先生。昨日北京から戻りました。留守中、いろいろありがとうございました。（啊，佐藤老师，昨天我从北京回来了。我不在学校期间感谢您的帮忙。）此题考查提取具体信息，原文"あ、佐藤先生。昨日北京から戻りました"，既说明了女子和老师在交谈，也说明了从北京回来，符合选项A"女の人は学校に戻ってきたから"的内容，故答案选A（因为女子回到学校）。

13.【参考答案】A

　　【本题问题】参赛选手汇集了多少人？

　　【答案解析】女：発表者は５０人ぐらいでした。（参赛选手50人左右。）男：大勢いましたね。（有很多人呢。）此题考查提取具体信息，故答案选A（汇集了很多人）。

14.【参考答案】A

　　【本题问题】谁去过北京？

【答案解析】男：山田先生、お帰りなさい。（山田老师，欢迎回来。）女：あ、佐藤先生。昨日北京から戻りました。（啊，佐藤老师，昨天我从北京回来了。）女：うちの学校の王さんの発表は素晴らしかったです。（我们学校的王同学演讲非常出色。）女：はい。李先生、王さんと一緒に3人で故宮に行きました。（是的，和李老师、王同学3个人一起去了故宫。）此题考查简单逻辑推断，根据原文"昨日北京から戻りました""うちの学校の王さんの発表は素晴らしかったです""李先生、王さんと一緒に3人で故宮に行きました"，判断有3个人去了北京，分别是山田老师、李老师和王同学，故答案选A（山田老师、李老师和王同学）。

15. 【参考答案】B

【本题问题】社长为什么不能到工厂参观学习？

【答案解析】男：実は、社長は御社の見学を楽しみにしているとずっと申していましたが、先日車にひかれて入院してしまいました。（事实上，我们社长一直都说非常期待去贵公司参观学习，但是前几天因为不小心被车轧了住院了。）此题考查同义句型转换，故答案选B（因为遭遇交通事故）。

16. 【参考答案】C

【本题问题】这段对话是由谁打电话给谁？

【答案解析】女：お待たせしました。ＡＢＣ車会社の李と申します。（让您久等了。我是ABC汽车公司的小李。）男：もしもし、もみじ会社の高橋と申します。（您好，我是枫叶公司的高桥。）此题考查简单逻辑推断，原文"お待たせしました"，是让别人久等的时候使用的一种表达方式，说明高桥先打电话过来，等了一会儿，小李才接过电话，符合选项C"高橋さんから李さんに電話をした"的内容，故答案选C（由高桥打电话给小李）。

17. 【参考答案】A

【本题问题】与会话内容相符合的是哪个选项？

【答案解析】男：実は、社長は御社の見学を楽しみにしているとずっと申していましたが。（事实上，我们社长一直都说非常期待去贵公司参观学习。）此题考查同义句型转换，原文"社長は御社の見学を楽しみにしているとずっと申していましたが"与选项A"もみじ会社の社長は工場見学を期待していた"意思相同，故答案选A（枫叶公司的社长期待去工厂参观学习）。

18. 【参考答案】B

【本题问题】日本是个什么样的国家？

【答案解析】女：日本は細長い国で、暖かい所もあれば寒い所もあります。それに、季節がはっきりしています。（日本是个国土狭长的国家，既有温暖的地方也有寒冷的地方，而且四季分明。）此题考查提取具体信息，故答案选B（四季分明的国家）。

19.【参考答案】A

【本题问题】日本的秋天是从什么时候开始?

【答案解析】女:秋は9月から11月ごろ。(秋天是从9月到11月左右。)此题考查提取具体信息,故答案选A（9月）。

20.【参考答案】B

【本题问题】樱花怎样开花?

【答案解析】女:例えば、九州では、桜の花は3月の終わりに咲きますが、東京では4月の初めに、北海道では5月の初めに咲きます。（例如,在九州樱花是3月末开花,但是在东京是4月初,在北海道是5月初开花。）此题考查提取具体信息,故答案选B（在九州3月末开花）。

第二部分 阅读

（一）

原文	中文翻译
私は大学では言語を専攻していて、第二言語学習について研究してきました。中国語は2年間ぐらい勉強しました。大学3年生の時に中国へ1年間留学しようと思いましたが、両親に反対されました。金銭的な理由ではなく、とにかく心配だったようです。私のように留学できない人がたくさんいるはずです。 もし私が日本語についてのことをシェアできたら、日本に来られない人の役に立つかも、そんな気持ちでネットで動画を投稿し始めました。海外では日本語ネイティブ（母语者）の日本語教師も少なくて、なかなか日本人に教えてもらえる機会がない人も多いようです。その人たちは独学で文法の知識や単語の知識を身に付けましたが、自然な日本語を話そうとすると、全然しゃべれない人が多いです。その原因として、皆が日本語を勉強している教科書や単語集に例文が固くて、全然その自然な日本語を勉強できないんじゃないかなと思ったのです。ですから、自分のチャンネルでは教科書には載っていないネイティブがすごく頻繁に使う言葉を教えます。もちろん日本の文化も教えます。 動画の編集が大変ですが、誰かの役には立てるし、文化交流の架け橋にもなれると思って、これからも続けていきます。	我在大学主修语言,并且一直研究第二语言学习。我学习了大约两年的中文。在我大学三年级的时候,我想要去中国留学一年,但是遭到父母的反对。父母并不是因为金钱的原因,仅仅是出于担心我而反对。我想肯定有很多像我这样无法留学的人吧。 如果我能分享关于日语的事情,也许能够帮助那些无法来日本的人,带着这样的想法,我开始在网络上发布视频。在海外,以日语为母语的日语老师很少,很多人没有机会跟日本人学习。那些日语学习者们通过自学掌握了语法和词汇知识,但是当他们尝试说地道的日语时,很多人都完全说不出来。我认为原因可能在于大家学习的教科书和词汇书里的例句都很生硬,完全无法学习到地道的日语。因此,在我的视频中,我会教授那些教科书上没有的,但母语者经常会使用的词汇。当然,我也会教授日本文化。 虽然编辑视频很辛苦,但我认为它可以帮助到一些人,也可以成为文化交流的桥梁,所以我会继续做下去。

21.【参考答案】D

　　【本题问题】文中的"心配（担心）"，是指谁担心谁？

　　【答案解析】本题考查对第一段第3~4句的句意理解。根据上文翻译，题目问的是：谁担心谁，即笔者的父母反对笔者去留学，是由于"担心"，故应是"父母担心笔者"。由此可见，选项D正确。

22.【参考答案】C

　　【本题问题】文中的"那种心情"是哪种心情？

　　【答案解析】本题考查对第二段第1句的句意理解。根据上文翻译，题目问的是：那种心情是哪种心情，故应是"如果我能分享关于日语的事情，也许能够帮助那些无法来日本的人"。由此可见，选项C正确。

23.【参考答案】D

　　【本题问题】文中的"那个原因"指代的内容是哪一项？

　　【答案解析】本题考查对第二段第4句的句意理解。根据上文翻译，题目问的是：那个原因指代的内容是什么，故应是"原因可能在于大家学习的教科书和词汇书里的例句都很生硬，完全无法学习到地道的日语"。由此可见，选项D正确。

24.【参考答案】D

　　【本题问题】符合文章内容的是哪一项？

　　【答案解析】本题考查对全篇内容的细节理解。根据上文翻译，题目问的是：符合文意的是哪一项，根据文中第二段最后一句，故应是"不仅教授语言还教授日本文化"。由此可见，选项D正确。

25.【参考答案】A

　　【本题问题】写这篇文章的目的是什么？

　　【答案解析】本题考查对整篇句意的理解以及总结概括。根据上文翻译，题目问的是：文章的目的是什么，故应是自己在网络上发布视频的契机和理由。由此可见，选项A正确。

（二）

原文	中文翻译
日本の弁当はカラフルで美味しいだけではなく、健康にも気を配っている。箱に彩りが豊かな日本らしさを詰め込んだ日本の弁当文化は海外でも注目を集めている。海外ではお弁当は単なるランチではなく、芸術品ともされているようだ。本文では、いくつかの弁当を紹介する。<u>あなたは何弁なのか。</u>	日本的便当不仅色彩丰富、美味，还注重健康。日本便当文化中，丰富多彩的元素被装入盒中，展现了日本特色，在海外也备受关注。在海外，便当不仅仅是午餐，甚至被视为艺术品。本文将介绍几种便当，你最喜欢哪种呢？
幕の内べんとう：歌舞伎などの休憩時間のお弁当	幕之内便当：歌舞伎等休息时间的便当

能や歌舞伎の鑑賞は時間が長いので、観客にお弁当が配られているのだ。幕間の食物として考案されたので、「幕の内べんとう」と呼ばれるようになったという説がある。いろいろなおかずを少しずつ入れて、ご飯を小さく分けたので、食べやすい。現在ではコンビニでも売っている。 　駅べん：駅で売っているお弁当 　　北海道から沖縄県まで地方の名産を使っている。お寿司や丼もあり、新幹線などの車内で食べる駅べんは旅の楽しみの1つだ。 　*キャラべん*：キャラクター弁当 　　子供のために、お母さんが野菜やのりで工夫して作る。人気のポケモン、リラックマ、キティちゃんなどアニメのキャラクターがあって、子供たちは大喜びだ。 　**日の丸べんとう**：（ア　国旗）に見える弁当 　　白米の真ん中に梅干しをのせて、日本の（ア　国旗）に見えるし、梅干しには防腐効果もある。一石二鳥だ。そして、シンプルで作るのが手軽だ。	观看能乐或歌舞伎表演耗时较长，因此会给观众提供便当。据说因为是在幕间作为食物提供的，所以被称为"幕之内便当"。它将各种配菜少量放入，米饭也分成小份，因此食用方便。现在也在便利店售卖。 　车站便当：在车站出售的便当 　　从北海道到冲绳，使用了各地的特产。有寿司和盖饭等，乘坐新干线时，在旅途中享用的车站便当是旅行的一大乐趣。 　角色便当：角色便当 　　为了孩子，妈妈们会巧妙地使用蔬菜和海苔制作。有流行的动漫人物宝可梦、懒懒熊、凯蒂猫等，孩子们都非常喜欢。 　日之丸便当：看起来像（日本）国旗的便当 　　在白米的中间放上梅干，看起来像日本的国旗，而且梅干还具有防腐效果，一举两得，并且制作起来简单方便。

26.【参考答案】D

　　【本题问题】不是日本便当的优点的是哪一项？

　　【答案解析】本题考查对第一段第1句的句意理解。根据上文翻译，题目问的是：不是便当优点的是哪一项，便当的优点是色彩丰富、美味，并且健康。故应是"午餐"。由此可见，选项D正确。

27.【参考答案】A

　　【本题问题】"你是哪个便当"的意思是什么？

　　【答案解析】本题考查对第一段最后一句的句意理解。根据上文翻译，题目问的是：结合前句"本文会介绍几种便当"，理解"你是哪个便当"这句话的意思，故应是"你喜欢哪种便当"。由此可见，选项A正确。

28.【参考答案】B

　　【本题问题】取名"幕之内便当"的原因是什么？

　　【答案解析】本题考查对第三段的第2句的句意理解。根据上文翻译，题目问的是：取名"幕之内便当"的原因是什么，故应是"因为是在幕间作为食物提供的"。由此可见，选项B正确。

29.【参考答案】C

　　【本题问题】为了孩子制作的便当是哪种便当？

　　【答案解析】本题考查对全篇的句意理解。根据上文翻译，题目问的是：为了孩子制作的便当是哪种便当，故应是"角色便当"。由此可见，选项C正确。

30.【参考答案】C

　　【本题问题】在文中（　ア　）的位置放入哪个词最合适？

　　【答案解析】本题考查对最后一段的句意理解以及文化常识。根据上文翻译，题目问的是：日之丸便当看起来像什么，故应是"（日本）国旗"。由此可见，选项C正确。

（三）

原文	中文翻译
皆さん、五月病という言葉を聞いたことがありますか。昔は五月病といえば、新入社員のサラリーマンや大学の新入生を思い出します。しかし最近では「子供の五月病」が増えています。 　①対処法なら、（ア　ストレスを溜めない）ことが一番です。好きなことをしたり、好きなものを食べたりすることが、ストレス解消につながります。また、よく運動すること、同じ境遇の仲間で悩みをシェアすることも、五月病の予防には効果的です。 　②それでは、一体どうして五月病になるのでしょうか。五月病はストレスが原因で起こると考えられています。学校生活では緊張状態が持続し過ぎることが過度なストレスになります。そして、長い休みの後、学校へ行くとストレスを感じるものです。（イ　さらに）期待していた新生活と現実とのギャップ（落差）から、落ち込みます。不調がひどくなる前に対処することが大切です。 　③初期症状としては、やる気が出ない、食欲が落ちる、眠れなくなるなどがあげられます。これらの症状をきっかけとして、徐々に体の調子が悪くなり、欠席が続くことがあります。この状態が続くと、うつ病になる恐れがあります。 　五月病かと思ったら、紹介した五月病の抜け出し方を参考にしてください。症状が二週間以上続くようであれば、精神科での診察を検討してください。	大家听说过"五月病"这个词吗？以前提到五月病，就会想起新入职员工或大学新生。但是最近，孩子患五月病的情况增加了。 　①应对方法最重要的是不要积攒压力。做喜欢的事情，吃喜欢吃的东西，这样可以消除压力。另外，经常运动，和同样境遇的朋友分享烦恼，也有预防五月病的效果。 　②那么，为什么会得五月病呢？五月病被认为是由压力引起的。在学校生活中，长期紧绷的状态会导致压力的堆积。不仅如此，长假之后去学校也会感到有压力。而且由于期待的新生活和现实之间的落差，也会让人感到沮丧。在症状变得严重之前，应对是很重要的。 　③五月病的初期症状包括没有干劲、食欲下降、失眠等。以这些症状为开始，身体状况会逐渐恶化，有时会长时间缺席校园生活。如果这种状态持续下去，还可能会得抑郁症。 　如果怀疑自己患有五月病，请参考上面介绍的五月病的解决方法。如果症状持续两周以上，请考虑到精神科就诊。

31.【参考答案】D

　　【本题问题】①②③段落的正确排序是哪一项？

　　【答案解析】本题考查对语篇整体结构的理解。根据上文，题目问的是：①②③段落的排序问题，①段在讲五月病的应对方法，②段在讲五月病的患病原因，③段在讲五月病的症状，故应是"③症状—②原因—①对策"。由此可见，选项D正确。

32.【参考答案】A

　　【本题问题】在文中（　ア　）的位置放入哪个词最合适？

　　【答案解析】本题考查对①段整体句意理解。根据上文翻译，题目问的是：应对五月病最好的方法是什么，后面具体介绍了消除压力的措施。故应是"不要积攒压力"。由此可见，选项A正确。

33.【参考答案】D

　　【本题问题】在文中（　イ　）的位置放入哪个词最合适？

　　【答案解析】本题考查对②段整体逻辑的梳理。根据上文翻译，题目问的是："由于期待的新生活和现实之间的落差，也会让人感到沮丧"这句与前文的逻辑，前文指出长假之后去学校会感到压力，前后文为并列关系，故应是"并且"。由此可见，选项D正确。

34.【参考答案】C

　　【本题问题】高三学生小李持续3周以上失眠和食欲不振，针对这种状况，笔者的提议是哪一项？

　　【答案解析】本题考查对最后一段的句意理解。根据上文翻译，题目问的是：针对高三学生小李持续3周以上失眠和食欲不振，笔者建议怎么处理，故应是"去看精神科"。由此可见，选项C正确。

35.【参考答案】B

　　【本题问题】符合文章内容的是哪一项？

　　【答案解析】本题考查对全篇内容的细节理解。根据上文翻译，题目问的是：符合文意的是哪一项，故应是"五月病可能会引发抑郁症"。由此可见，选项B正确。

（四）

原文	中文翻译
慣用句とは二つ以上の言葉が結びついて、特別な意味を表す句だ。（ア 例えば）「頭」と「切れる」で、頭が切れる。頭の回転が早いことを表す。また、「猫の手も借りたい」とは「とても忙しいので、誰でもいいから手伝ってもらいたい」という意味になるが、慣用句は直接的な言葉遣いより婉曲的で、表現をより豊かにする効果がある。	慣用句是由两个或更多词结合在一起来表达特殊意义的句子。例如，"頭"和"切れる"结合为"頭が切れる"，意为"思维敏捷"。另外，"猫の手も借りたい"意味着"非常忙碌，希望得到他人的帮助"。慣用句比直接表达更含蓄，可以使表达更加丰富。

ところが近年では、慣用句の誤用がよく見られるようになっている。高級店の前で入るのを躊躇する人が「敷居が高い」という表現を使うが、これはその慣用句の本来の意味ではない。実は「不義理や不面目（不体面，不光彩）なことなどがあって、相手の家へ行きにくい」というのが正解だ。昔は「借金を返していないので、彼女の所は敷居が高い」というように使われていたが、今では意味が変化した。 この表現は誤用とされているが、人々の生活に即して、自然に発生してきたのはいいのではないだろうか。元々言葉は生き物で、時代と共に常に変化し続けるのだ。変化に適応する物しか生き残らない。実際、誤用のほうも合わせて掲載している辞書もある。意味や正誤というより、むしろ慣用句への興味と関心度のほうがいっそう重要だと思う。	然而，近年来，惯用句的误用现象越来越常见。有人在高档店前犹豫不决时使用"敷居が高い"这个惯用句，但这并不是这个惯用句的原意。实际上，"由于做了不义或不光彩的事，不愿意去对方的家"才是正确的解释。过去人们常会这样用"因为还没有还她的钱，所以觉得去她家很别扭"，但现在这个词的意思已经改变了。 虽然这种表达被认为是误用，但它贴近人们的生活，是自然而然地产生的，因此这是件好事。语言本就是活的，它会随着时代不断变化。只有适应变化的东西才能生存。实际上，有些词典也会将误用一并收录。我认为，对惯用句的兴趣和关注比词的意义或对错更为重要。

36.【参考答案】A

【本题问题】在文中（　ア　）的位置放入哪个词最合适？

【答案解析】本题考查对第一段第1~2句的句意理解。根据上文翻译，题目问的是：第2句"'頭が切れる'意为'思维敏捷'"与第1句"慣用句是由两个或更多词结合在一起，表达特殊意义的句子"的逻辑关系，故应是"例如"。由此可见，选项A正确。

37.【参考答案】C

【本题问题】慣用句的效果是哪一项？

【答案解析】本题考查对第一段最后1句的句意理解。根据上文翻译，题目问的是：慣用句的效果，故应是"使表达更加丰富"。由此可见，选项C正确。

38.【参考答案】D

【本题问题】文中的"这个慣用句"指代的内容是哪一项？

【答案解析】本题考查对第二段第2句的句意理解。根据上文翻译，题目问的是：这并不是这个慣用句的原意，即"有人在高档店前犹豫不决时使用'敷居が高い'"这个词，故应是"敷居が高い"。由此可见，选项D正确。

39.【参考答案】D

【本题问题】依据"敷居が高い"的原意，我们应该在什么时候使用？

【答案解析】本题考查对第二段和第三段的句意理解以及根据情境用语篇的信息解决问题。根据上文翻译，题目问的是：依据"敷居が高い"的原意，在什么场合使用这个慣用句，故应是"做了不义或不光彩的事"。由此可见，选项D正确。

40.【参考答案】C

　　【本题问题】作者最想表达的是什么？

　　【答案解析】本题考查对最后1段的句意理解。根据上文翻译，题目问的是：笔者想说的观点是什么，故应是"虽然这种表达被认为是误用，但它贴近人们的生活，是自然而然地产生的，因此，这是件好事"。由此可见，选项C正确。

第三部分　语言运用

第一节

原文	中文翻译
血糖値をおだやかにする食品は、身近に多く存在します。例えば、血糖値を下げる効果があるチョコレートというのは、41 不思議に感じるでしょう。ただし、ここでいうチョコレートはカカオ成分70%以上のものです。血糖値が上昇し 42 にくいとはいえ、チョコレートには糖質や脂質が含まれているので、43 決してカロリーの低いものではありません。適切な量を守りながら、効果を得られる 44 ようにしましょう。次に、大豆は血糖値の上昇をおだやかにする食物繊維が豊富なのでおすすめです。もし大豆が 45 苦手な方は、茹で大豆や蒸し大豆を食事に取り入れると良いでしょう。そしてヨーグルト（酸奶）に含まれる成分は、小腸から分泌されるインクレチン（胰島素）の分泌を刺激する効果があり、46 その結果、血糖値の上昇を抑える手助けをする 47 と考えられています。 　　次に、血糖値を下げるオススメの飲み物です。緑茶を大量に飲用する 48 と、糖尿病の発症リスクが 49 低くなる可能性があるという研究結果があります。また、コーヒーを頻繁に摂取する人は、ほとんど摂取しない人と比べて、糖尿病の発症リスクが低い傾向があるという研究結果が示されました。 　　50 注意すべきことは、紹介したものはあくまでもサポート役で、血糖値の安定には、バランスの良い食事と適切な運動が不可欠です。生活習慣を整えた上で、さらに血糖値を下げる効果のあるものを取り入れましょう。	在我们身边有很多（可以）让血糖值保持平稳的食物。例如，若说巧克力具备降低血糖值的功能，会让人觉得 41 不可思议吧。但是，这里所说的巧克力是可可成分超过 70% 的东西。虽说这种食物 42 不怎么升血糖，但因为巧克力中含有糖分和脂肪，所以这 43 绝对不是卡路里低的食物。在适当摄入的情况下 44 尽可能地取得效果吧。其次，大豆中富含使血糖值平稳上升的食物纤维，所以非常推荐。如果 45 不喜欢大豆的人，可以把煮好的大豆或蒸好的大豆放入其他食物中。另外酸奶中所含的成分 47 被认为能刺激小肠分泌胰岛素，46 因此有助于控制血糖值的上升。 　　其次，推荐降低血糖值的饮料。研究结果显示，48 如果大量饮用绿茶可能会 49 降低糖尿病的发病风险。另外，研究结果显示，频繁摄取咖啡的人与几乎不摄取咖啡的人相比，糖尿病的发病风险有降低的倾向。 　　50 需要注意的是，上面介绍的只不过是辅助手段，为了血糖值的稳定，均衡的饮食和适当的运动是不可缺少的。在调整生活习惯的基础上，再加入有降低血糖值效果的食物吧。

41.【参考答案】B

　　【本题考点】考查相近单词的意思辨析及文章情感色彩判断。

　　【答案解析】根据上下文及常识，我们认为如果用巧克力让血糖值保持平稳是"不可思议"的，故选择B"不思議"。选项A是"不可能"，选项C是"不满"，选项D是"不安"。

42.【参考答案】C

　　【本题考点】考查复合词"～にくい"表示某事难以进行。

　　【答案解析】设问处在"这里所说的巧克力是可可成分超过70%的东西。"句子之后，同时在"とはいえ（虽说）"之前，后面内容为"但因为巧克力中含有糖分和脂肪"，可知选项C"难以"是正确答案。选项A是"容易"，选项B是迷惑选项，不存在这种搭配，选项D是"（心理上）难以"。

43.【参考答案】D

　　【本题考点】考查副词"決して（～ない）"表示强烈否定。

　　【答案解析】设问处在"虽说这种食物不怎么升血糖，但因为巧克力中含有糖分和脂肪"后面，说明要填的是与"不是卡路里低的食物"的表达相近语义的选项，结合下文当中的否定表达，可知选项D"绝不是"是正确答案。选项A是"必然"，后面搭配肯定用法；选项B是"一定"，后面多与"だろう"连用；选项C是"务必，必须"，后面多与"～たい""～てください"连用。

44.【参考答案】A

　　【本题考点】考查句型"～ようにする"的用法。

　　【答案解析】设问处前文说"巧克力不是卡路里低的食物"，设问处在"在适当摄入的情况下尽可能地取得效果吧。"。选项A"～ようにする＋～ましょう"的形式，表示"要努力做到这样"，故选A。选项B"～ことにする＋～ましょう"表示按照自己的意志做决定，选项C是"～ようになる"表示"变得……"，选项D是"～ことになる"表示客观地，组织或团队所做的决定。

45.【参考答案】B

　　【本题考点】考查两组相近单词的意思及用法辨析。

　　【答案解析】设问处前文推荐了大豆，设问处为"如果……大豆的人"，后文为"可以将煮好的大豆或蒸好的大豆放入其他食物中"，说明吃不惯大豆的人要换种方式摄入大豆。"苦手"除了不擅长的基本意思外，还有"害怕，讨厌"的意思，故选B。选项A是"擅长"，选项C是"不擅长"，选项D是"擅长"。

46.【参考答案】A

　　【本题考点】考查接续词"その結果"的用法。

　　【答案解析】设问处前文说了"能刺激小肠分泌胰岛素"，后文是"有助于控制血糖值的上升"，因此前后为因果关系，故选A。选项B是"而且"；选项C是"因此"，但用于前项说明原因理由，后项说明由此而采取的动作行为，而文中

· 151 ·

后续没有相应的行为，而是"现象"，故不选；选项D是"虽然那样"，故不选。

47.【参考答案】B

【本题考点】考查"～と考えられる"的用法。

【答案解析】设问处在句末，后续应该是"调查显示"或"大家认为"，故选B。选项A是"没想到"，选项C表解释说明，选项D是"看起来像……"。

48.【参考答案】A

【本题考点】考查四种表假定关系的接续的不同。

【答案解析】设问处前项为动词基本形，故搭配选项A的"と"，表示前项条件成立会自然而然地出现某种结果或现象。选项B前接动词"た形"，选项C表示根据对方言谈来陈述自己的意见，本文没有这个场景。选项D前接动词"ば形"。

49.【参考答案】C

【本题考点】自动词与他动词的辨析及句意理解。

【答案解析】设问处前用了助词"が"，应该搭配自动词"なる"，表示"变得"，而不是他动词"する"，排除选项A和B。根据上下文判断，绿茶有助于控制血糖，因此应该是血糖变低，故选C。

50.【参考答案】B

【本题考点】考查"～注意すべき"的句意辨析。

【答案解析】设问处后文是提醒读者应该注意的事，正确选项为B。选项A是"不注意的事"，选项C是"（作者）想要注意的事"，选项D是"不能注意的事"。

第二节

51.【参考答案】様々な

【答案解析】考查二类形容词修饰名词时要加"な"，"様々"是二类形容词，故后接"な"加名词。

52.【参考答案】が

【答案解析】考查自他动词辨析，"増える"是自动词。此处应该用"～が＋自動詞"，"が"用来提示动作的主体"子供"。

53.【参考答案】に

【答案解析】考查二类形容词修饰动词的用法，二类形容词修饰动词要加"に"。"幸せ"是二类形容词，修饰后接动词"育つ"，翻译成"幸福地成长"，此处应该加"に"。

54.【参考答案】育て

【答案解析】考查动词接"ながら"表示前后两个行为或动作同时发生或进行，"ながら"前面的动词要用中顿形。"育てる"的中顿形是"育て"。

55.【参考答案】長く

【答案解析】考查一类形容词修饰动词的用法，一类形容词修饰动词时词尾"い"要变成"く"。"長い"是一类形容词，后接动词"する"翻译成"拉长育儿假"。

56.【参考答案】働

【答案解析】考查单词"働く"的当用汉字。

57.【参考答案】のぞ

【答案解析】考查单词"望む"的对应假名。

58.【参考答案】へ

【答案解析】考查助词叠用"へ＋の"表示"对……的"，翻译成"加强对期待治疗不孕症的人们的支持"。

59.【参考答案】よく

【答案解析】考查一类形容词修饰动词时的特殊形式，"いい"修饰动词要变成"よく"。

60.【参考答案】挙げられます

【答案解析】考查动词被动态。设问处上文为基本理念和措施，此处理念和措施是被举出的并且作主语，能判断此处要用"挙げる"的被动"挙げられる"。又因为本篇文章中说明理念和措施的文章开头和结尾部分都使用了"敬体"，理念和措施本身才用"简体"，此处为最后一段，非理念措施本体部分，故使用"敬体"的"挙げられます"。

第四部分　写作

第一节　范文

					交	流	パ	ー	テ	ィ	ー	の	お	知	ら	せ			
	6	月	15	日	に	学	生	会	館	で	中	日	文	化	交	流	協	会	に	よ	る	中	日	文
化	交	流	パ	ー	テ	ィ	ー	を	行	い	ま	す	。	中	日	両	国	の	文	化	を	深	く	理
解	し	、	友	好	関	係	を	築	く	こ	と	を	目	的	と	し	て	い	ま	す	。	ご	参	加
を	お	待	ち	し	て	い	ま	す	。										
										記									
日	時		6	月	15	日	（	土	）	18	:	00	～	21	:	00			
場	所		学	生	会	館	2	階											
																		以	上

153

第二节　范文

　　　　　　　　　　忘れられないクラス会議

　　高校三年生のクラス会議は忘れられないものでした。
　　最初に、先生は成績を分析し、励ましのメッセージが込められた動画を見せてくださいました。先生がまたしっかり勉強するように言ってくると思うと、意外な言葉が出ました。「成功することしか許されないとの考えは納得できない。人生は入試だけではない。楽しさはもちろん、青春の一部。苦しさや悔しさも青春の一ページ。だから、失敗を恐れずに前向きに進んでいけばいい」との言葉を聞いて、私は人生に対する考え方が変わり、失敗への恐れによるストレスが軽減されました。最後に、「生活不易，有愛不死」という言葉に深く感動しました。確かに、生活がつらくても、愛があれば夢の扉が開かれるのです。
　　このクラス会議は一生の宝物です。

新高考日语模拟卷（九）

第一部分　听力

1	2	3	4	5	6	7	8	9	10	11	12	13	14	15	16	17	18	19	20
B	A	C	A	A	C	C	A	B	A	C	A	B	C	B	B	C	A	C	C

第二部分　阅读

21	22	23	24	25	26	27	28	29	30	31	32	33	34	35	36	37	38	39	40
A	D	B	D	B	D	C	C	B	B	B	A	C	B	C	B	A	A	B	D

第三部分　语言运用

第一节

41	42	43	44	45	46	47	48	49	50
B	A	D	D	B	A	C	A	D	B

第二节

51	52	53	54	55
作品で	か	こそ	りそう	できない
56	**57**	**58**	**59**	**60**
挑戦	乗って	深く	すれ	ても

听力原文

1.

女：いらっしゃいませ、何名様ですか。

男：今は大人２人ですが、あとで２人また来ます。

女：はい、４名の席をご用意いたします。

2.

女：王文君、面白い映画をやっているそうだよ。一緒に見に行こうよ。

男：ぼくは６日から７日まで実家に帰るつもりなんだ。

女：実家に行く前の日はどう？

男：うん、その日ならいいよ。

3.

男：ちょっと、お肉を買いに行ってくるよ。

女：じゃ、お野菜とアイスクリームも買ってきてね。

男：甘いものばっかりじゃ、太っちゃうよ。

女：じゃ、アイスクリームはいいわ。

4.

女：広州から北京へ行くルートについて教えてほしいんだけど。

男：えっと、2つの提案があって、まずは武漢―鄭州―北京というルートで、もう一つは南昌―合肥―北京というルートだよ。前のルートは後のより速いけど、交通費が後のルートほど安くないよ。

女：うん、今は大学生だからお金がない。じゃ、そのルートにしよう。

男：そうだね。

5.

女：明日楽しみだね。

男：でも、雪が降るそうだよ。

女：いいじゃない。登っている間、雪も見られるから。

男：それはそうだね。あっ、登山靴を準備しないと。

6~7.

男：日本語を学んでいた時に、こういう面白い話がありました。「日本語が上手ですね」と褒められた時、僕はうれしくて「ありがとうございます」と返事しましたが、向こうは変な様子をしました。私の日本語に何か間違いがあるのかと友達に聞いたところ、日本語では「いいえ、そんなことはないですよ」と言うべきだと注意されました。文法的には正しいですが、普通日本人はそういうふうに言わないことを知りました。それは中国語と違って魅力的だと思います。

8~9.

女：いらっしゃいませ。

男：あのう、これは何ですか。

女：お菓子です。若者の間で流行っているんですよ。

男：へえ。じゃ、甘い物が好きな息子に買ってやります。4つください。

女：すみません、2個までなんです。人気ですから。

男：あ、そうなんですか。じゃ、二つお願いします。

女：わかりました。９００円です。

10~12.

女：先生、すみません、今日提出するはずだった宿題なんですが、持ってくるのを忘れてしまいまして…

男：それは大丈夫、明日出せばいいんだよ。

女：すみませんが、明日は病院へ友達のお見舞いに行くので伺えないんです。メールで送っ

てもいいでしょうか。

男：そっか、クラスメートの美月さんに出してもらったらどう？

女：はい、分かりました。美月さんに言っておきます。

13~16.

女：もしもし、田中さんですか。

男：いいえ、今田中さんはシャワーを浴びています。わたしはルームメートの劉です。

女：あっ、そうですか。私は鈴木です。田中さんに言いたいことがあって、伝えてもらえませんか。

男：はい。

女：今度の日曜日に佐藤さんたちと一緒にバドミントンをすると伝えてください。ええと、時間は夜6時から。

男：ちょっと待ってください。ええと、一緒にバドミントンをするんですね。今度の日曜に、夜の6時から。で、場所は？

女：学校の体育館です。入り口に集まると伝えてください。

男：はい、もう一回確認しますが、佐藤さんから電話があって、一緒にバドミントンをするということですね。

女：いいえ、私は鈴木ですが。

男：あっ、すみません。間違えました。

女：大丈夫です。お願いします。

男：はい、わかりました。

17~20.

男：明日の博物館の見学時間について、みなさんに説明します。朝7時に親に送ってもらって学校に集合します。みんなが揃ってからバスで移動します。7時30分ごろ博物館に着きますが、お手洗いに行く時間を空けるので8時に博物館の前に集まります。博物館を2時間見学して出口に集合します。その後、一緒に学校に戻ります。いいですか。時間を間違えないようにしてください。

答案详解

第一部分　听力

第一节

1.【参考答案】B

　　【本题问题】一共来几个客人？

　　【答案解析】男：今は大人2人ですが、あとで2人また来ます。（现在是2个大人，后面还会来2人。）此题考查简单逻辑推断，根据这句话可以推断出客人一共4人，故答案选B（4人）。

2. 【参考答案】A

　　【本题问题】两人什么时候看电影？

　　【答案解析】男：ぼくは6日から7日まで実家に帰るつもりなんだ。（我打算6号到7号回老家。）女：実家に行く前の日はどう？（回老家的前一天怎么样？）男：うん、その日ならいいよ。（那个日子的话可以。）此题考查简单逻辑推断，根据这三句话可以推断出他们约定男子回老家前一天一起看电影，也就是5号看电影，故答案选A（5号）。

3. 【参考答案】C

　　【本题问题】男子没有买什么？

　　【答案解析】女：じゃ、アイスクリームはいいわ。（冰激凌就不要了吧。）此题考查对富有日语特色的表达的识别及情感色彩的判断，根据这句话可以知道男子没有买冰激凌，故答案选C（冰激凌）。

4. 【参考答案】A

　　【本题问题】女子经过哪个城市前往北京？

　　【答案解析】男：えっと、2つの提案があって、まずは武漢—鄭州—北京というルートで、もう一つは南昌—合肥—北京というルートだよ。前のルートは後のより速いけど、交通費が後のルートほど安くないよ。（是嘛，我有两个提议。首先是武汉—郑州—北京路线，另外一个是南昌—合肥—北京的路线。前面的路线比后面的快，但是交通费没有后面的便宜。）女：うん、今は大学生だからお金がない。じゃ、そのルートにしよう。（因为我现在是大学生，没有钱，还是选那个路线吧。）此题考查简单逻辑推断，根据这两句话可以推断，女子选择后面的路线，也就是南昌—合肥—北京的路线，所以她会经过南昌前往北京，故答案选A（南昌）。

5. 【参考答案】A

　　【本题问题】两个人正在交谈什么内容？

　　【答案解析】女：いいじゃない。登っている間、雪も見られるから。（不挺好的吗？登山期间，还可以看雪景。）男：それはそうだね。あっ、登山靴を準備しないと。（是哦。对了，必须准备登山靴了。）此题考查简单逻辑推断，根据这两句话可以推断他们关于登山进行沟通，故答案选A（登山的安排）。

第二节

6. 【参考答案】C

　　【本题问题】为什么对方样子很奇怪？

　　【答案解析】男：文法的には正しいですが、普通日本人はそういうふうに言わないことを知りました。（我知道了这句话在语法方面是正确的，但是一般日本人都不这么说。）此题考查提取具体信息，故答案选C（一般都不这么说）。

7.【参考答案】C

【本题问题】男子觉得什么有魅力？

【答案解析】男：それは中国語と違って魅力的だと思います。（我觉得这个因为与中文不同而有魅力。）此题考查同一个词的词性转换，"違って"转换为名词"違い"，此处表中日文的不同是其魅力之处。故答案选C（中文和日文的不同）。

8.【参考答案】A

【本题问题】男子给谁买的点心？

【答案解析】男：へえ。じゃ、甘い物が好きな息子に買ってやります。（这样呀，那么，我给喜欢甜食的儿子买吧。）此题考查提取具体信息，根据这句话可知，男子给他儿子买点心，故答案选A（儿子）。

9.【参考答案】B

【本题问题】这个点心一个要多少钱？

【答案解析】男：じゃ、二つお願いします。（那么，请给我2个。）女：わかりました。９００円です。（好的，900日元。）此题考查简单逻辑推断，根据这两句话，可以推断出一个450日元，故答案选B（450日元）。

10.【参考答案】A

【本题问题】女子为什么今天不能提交作业？

【答案解析】女：今日提出するはずだった宿題なんですが、持ってくるのを忘れてしまいまして…（今天应该提交的作业忘记带过来了……）此题考查提取具体信息，根据这句话，可知女子今天因为忘记带作业了，所以不能提交了，故答案选A（忘记带过来了）。

11.【参考答案】C

【本题问题】女子明天会做什么？

【答案解析】女：明日は病院へ友達のお見舞いに行くので伺えないんです。（因为明天去医院看望生病的朋友，所以不能来了。）此题考查提取具体信息，根据这句话，可以知道女子明天去医院看望朋友，故答案选C（去医院看望朋友）。

12.【参考答案】A

【本题问题】作业怎么提交？

【答案解析】男：そっか、クラスメートの美月さんに出してもらったらどう？（这样呀，让同班同学美月帮忙提交如何？）女：はい、分かりました。美月さんに言っておきます。（好的，我知道了，我提前跟美月说好。）此题考查提取具体信息，根据这句话，可知女子拜托同学美月提交作业，故答案选A（朋友帮忙提交）。

13.【参考答案】B

【本题问题】接电话的是谁？

【答案解析】男：いいえ、今田中さんはシャワーを浴びています。わたしはルームメート

の劉です。（不是，田中现在在洗澡，我是室友小刘。）此题考查提取具体信息，根据这句话可知，接电话的是小刘，故答案选B（小刘）。

14.【参考答案】C

【本题问题】打电话的是谁？

【答案解析】女：私は鈴木です。田中さんに言いたいことがあって、伝えてもらえませんか。（我叫铃木，我有话想对田中说，可以帮忙传话吗？）此题考查简单逻辑推断，根据这句话，可以推断打电话的是铃木，故答案选C（铃木）。

15.【参考答案】B

【本题问题】在哪里集合？

【答案解析】女：学校の体育館です。入り口に集まると伝えてください。（学校的体育馆，请告诉田中在门口集合。）此题考查提取具体信息，根据这句话，可知集合地点是体育馆的门口，故答案选B（体育馆的入口）。

16.【参考答案】B

【本题问题】为什么田中没有接电话？

【答案解析】男：いいえ、今田中さんはシャワーを浴びています。わたしはルームメートの劉です。（不是，田中现在在洗澡，我是室友小刘。）此题考查提取具体信息，根据这句话，田中由于正在洗澡所以没有接电话，故答案选B（刚才在洗澡）。

17.【参考答案】C

【本题问题】怎么去博物馆？

【答案解析】男：朝7時に親に送ってもらって学校に集合します。みんなが揃ってからバスで移動します。（7点的时候由父母送到学校集合，大家集合之后一起乘坐公交车前往。）此题考查提取具体信息，根据这句话可知，大家一起乘坐公交车前往，故答案选C（公交车）。

18.【参考答案】A

【本题问题】去了洗手间后怎么做？

【答案解析】男：お手洗いに行く時間を空けるので8時に博物館の前に集まります。（会把去洗手间的时间空出来，所以我们8点在博物馆门前集合。）此题考查提取具体信息，根据这句话可知，去了洗手间之后在博物馆门前集合，故答案选A（博物馆门前集合）。

19.【参考答案】C

【本题问题】什么时候参观博物馆？

【答案解析】男：お手洗いに行く時間を空けるので8時に博物館の前に集まります。博物館を2時間見学して出口に集合します。（会把去洗手间的时间空出来，所以我们8点在博物馆门前集合。参观博物馆2小时之后在门口集合。）此题考查简单逻辑推断，根据这两句话，可以推断出在博物馆集合后就开始参观博物馆，故答案选C（8点以后）。

20.【参考答案】C

【本题问题】什么时候在博物馆的出口集合？

【答案解析】男：お手洗いに行く時間を空けるので8時に博物館の前に集まります。博物館を2時間見学して出口に集合します。（会把去洗手间的时间空出来，所以我们8点在博物馆门前集合。参观博物馆2小时之后在门口集合。）此题考查简单逻辑推断，根据这两句话，可以推断出在10点以后在博物馆出口处集合，故答案选C（10点以后）。

第二部分　阅读

（一）

原文	中文翻译
商品を買ったけれども、何か問題がある場合、返品（退货）対応が求められることを理解していますか。 　返品対応とは、例えば商品が壊れていたり、他に問題がある場合、新しい商品と取り替えたり、お金を返してもらったりする手続きのことです。ネットショッピングでは、返品がよくあるので、店側は返品のルールを決めて、それに基づいて対応することが大切です。 　具体的な手順としては、問題を確かめて、謝って、商品を送り返してもらって、最終的な対応を確認します。特に消費者がもらった商品は壊れていた場合、商品を作った会社と協力することが必要です。（ア　一方で）、消費者が何らかの理由で返品する場合、事前にルールを確認し、それに従って対応するのが効果的です。しっかりとした対応ができれば、<u>お客さんが喜び</u>、信頼を築くことができます。お客さんからの評価やアドバイスをよく聞いて、より良いサービスにするために活かすことも大事です。 　また、お客さん自身も円滑（顺利，圆满）に返品するために、購入前に商品の説明を確認し、サイズをよく考えて購入し、返品のルールを理解しておくことが大切です。商品が届いたら、速やかに内容を確認し、何か問題があれば、すぐにネットショップに連絡すると、円滑に返品できます。	您知道如果购买的商品有问题，可以进行退货处理吗？ 　退货处理是指如果商品损坏或出现其他问题，则进行新商品更换或退款的程序。在网上购物中，退货是常见的，因此店家确定退货规则并根据其进行处理非常重要。 　具体的步骤是确认问题，道歉，请客户寄回商品，并确认最终的处理。特别是如果消费者收到的商品有损坏，就需要与制造商联系。另一方面，消费者因为某些原因要退货时，事先确认规则并按照规则进行处理是有效的。如果能够做出妥善处理，客户会感到满意并建立信任。认真倾听客户的评价和建议，并加以利用以改进服务也很重要。 　此外，为了顺利退货，客户自己也应该在购买前确认商品说明，仔细考虑尺寸，理解退货规则至关重要。当收到商品后，请立即确认，如果有任何问题，请立即与网店联系，就可以顺利进行退货。

21.【参考答案】A

　　【本题问题】能要求退货处理的情况是哪一项？

　　【答案解析】本题考查对第二段第1句的句意理解。根据上文，题目问的是：要求退货处理的情况，即"退货处理是指如果商品损坏或出现其他问题，则进行新商品更换或退款的程序"，故应是"商品损坏时可以要求"。由此可见，选项A正确。

22.【参考答案】D

　　【本题问题】关于退货流程，作为销售方，可以不做哪一项？

　　【答案解析】本题考查对第三段第1~2句的句意理解。根据上文翻译，题目问的是：销售方不必做的退货流程，根据文章第三段可知，需要做的流程为"确认问题，道歉，请客户寄回商品，并确认最终的处理。特别是如果消费者收到的商品有损坏，就需要与制造商联系"，故不需要做的应是"立即联系网购平台"。由此可见，选项D正确。

23.【参考答案】B

　　【本题问题】在文中（　ア　）的位置放入哪个词最合适？

　　【答案解析】本题考查对第三段第1~4句的内容衔接。题目要填入的是：销售方的应对措施与消费者的购物注意事项之间的逻辑词，根据上文翻译，即"具体的步骤是确认问题，道歉，请客户寄回商品，并确认最终的处理。特别是如果消费者收到的商品有损坏，就需要与制造商联系。（另一方面），消费者因为某些原因要退货时，事先确认规则并按照规则进行处理是有效的"，故应是"另一方面"。由此可见，选项B正确。

24.【参考答案】D

　　【本题问题】文中提到"顾客满意"是因为什么？

　　【答案解析】本题考查对第三段第4句的句意理解。根据上文翻译，题目问的是：顾客满意的原因，原文是"如果能够做出妥善处理，客户会感到满意并建立信任"，故应是"得到了妥善的处理"。由此可见，选项D正确。

25.【参考答案】B

　　【本题问题】作为消费者，为了顺利退货，什么是重要的？

　　【答案解析】本题考查对第四段第1~2句的句意理解。根据上文翻译，题目问的是：消费者能够顺利进行退货手续的注意事项，即"客户自己也应该在购买前确认商品说明，仔细考虑尺寸，理解退货规则至关重要。当收到商品后，请立即确认，如果有任何问题，请立即与网店联系，就可以顺利进行退货"，故应是"在订购商品之前确认尺寸"。由此可见，选项B正确。

原文	中文翻译
先日、息子に読んであげた絵本の物語だ。子供のいない老夫婦が神に祈り、小さな一寸法師という子供が生まれた。彼は身長が一寸しかないが、武士になろうと、<u>都に向かった</u>。旅の途中で、彼は鬼に出会った。鬼に食べられそうになったが、彼の勇気といい頭によって鬼を打ち倒した。最後、自由を手に入れた。 　　この話を通して、<u>一寸法師の持つ独自性や強さ</u>に引かれた。彼は自分の身長に対して不平を抱かず、小槌（小锤子）で大きくなることを喜ぶ。そして、おなかが空いたときは小さい体を生かして、大胆に危ないところから美味しい食べ物を取り出すなんて、その素直で魅力的な人間性に心を奪われた。 　　一寸法師は、自分の体のサイズ（尺寸）に影響されなく、いつも明るい一面を見せてくれた。彼の行動からは、小さなことに拘らず、困難な状況にあっても諦めずに直面する強さが感じられる。彼が自信、自分を受け入れる豊かな心を持っている姿は、本当に魅力的だと思っている。 　　物語を読んだ後、自分の独自性の素晴らしさを二度と確認した。他者と異なる独自性を受け入れることが、自分らしさを発揮し、積極的に生きる力になることを感じた。これからも、一寸法師のように、自分の特色を大切にし、明るく生きていきたいと思う。	这是我前段时间给儿子读的一本绘本里的故事。故事讲述了一对没有孩子的老夫妇向神祈求，结果他们迎来了一个名叫一寸法师的小孩。尽管他身材只有一寸高，但他立志成为一名武士，并踏上了前往都城的旅途。途中，他遇到了鬼，虽然险些被鬼吃掉，但凭借自己的勇气和智慧，一寸法师成功打败了鬼，并最终获得了自由。 　　通过这个故事，我被一寸法师身上所展现出的独特性和力量所吸引。他并不因为自己的身高而抱怨，反而欣然接受并喜欢用小锤子让自己变大。不仅如此，当他感到饥饿时还敢于利用自己灵活的身体从危险的地方寻找美味的食物。他的正直而散发魅力的人性光辉深深令我折服。 　　一寸法师不受身材大小的影响，总是展现出阳光积极的一面。从他的行为中，我感受到了他无论面对多大的困难，都不拘小节、勇敢面对的力量。他那拥有自信、接受自我的丰富内心的姿态，我觉得非常有魅力。 　　通过这个故事，我再次确认了自身独特性的美妙之处。我感受到，认同与他人不同的独特性，会生发出活出自我、积极生活的能量。我希望未来能像一寸法师一样，珍视自己的特点，积极阳光地活下去。

26.【参考答案】D

　　【本题问题】文中的"前往都城"，去都城的理由是哪一项？

　　【答案解析】本题考查对第一段第3句的句意理解。根据上文翻译，题目问的是：前往都城的理由，即"尽管他身材只有一寸高，但他立志成为一名武士，并踏上了前往都城的旅途"，故应是"因为想成为武士"。由此可见，选项D正确。

27.【参考答案】C

　　【本题问题】一寸法师遇到鬼时，他采取的行动是哪一项？

　　【答案解析】本题考查对第一段第5句的句意理解。根据上文翻译，原文描述为"虽然险些

被鬼吃掉，但凭借自己的勇气和智慧，一寸法师成功打败了鬼"，故应是"直面鬼，与之战斗并取得胜利"。由此可见，选项C正确。

28.【参考答案】C

【本题问题】文中的"一寸法师拥有独特性和力量"指代的内容是哪一项？

【答案解析】本题考查对第二段第2~3句的句意理解。根据上文翻译，题目问的是：一寸法师的独特性和力量，即"他并不因为自己的身高而抱怨，反而欣然接受并喜欢用小锤子让自己变大。不仅如此，当他感到饥饿之时还敢于利用自己灵活的身体从危险的地方寻找美味的食物。他的正直而散发魅力的人性光辉深深令我折服"，故应是"即使身材矮小也有积极的思考方式"。由此可见，选项C正确。

29.【参考答案】B

【本题问题】通过一寸法师的故事，作者想要强调的内容是什么？

【答案解析】本题考查对第四段第1~2句的句意理解。根据上文翻译，题目问的是：作者对于一寸法师故事的体会，即"通过这个故事，我再次确认了自身独特性的美妙之处。我感受到，认同与他人不同的独特性，会生发出活出自我、积极生活的能量"，故应是"珍视自己的独特性，并接受与他人不同的独特性之美"。由此可见，选项B正确。

30.【参考答案】B

【本题问题】作者对一寸法师拥有怎样的感情？

【答案解析】本题考查第四段第3句的句意理解。根据上文翻译，题目问的是：作者对一寸法师这个角色的感情，即"我希望未来能像一寸法师一样，珍视自己的特点，积极阳光地活下去"，故应是"向往"。由此可见，选项B正确。

（三）

原文	中文翻译
NHKが２０２２年夏に実施した調査では、性別に関する中高生と親との意識に注目が集まった。 　大学進学を希望する女子が５４％で、男子４８％を上回る結果となった。この変化について、父母の考えも変化していることが分かった。１０年前と比べて、自分の子の大学進学を希望すると答えた親の中で、男子の親の割合が女子の親よりも高かったが、２０２２年にはこの差がなくなっている。 　進学意欲の男女差が少なくなるが、家庭内では、親が子供に接する方法が<u>子供の性別によって異な</u>	在NHK2022年夏天进行的调查中，初高中生和父母关于性别意识的结果引发了关注。 　希望上大学的女孩占54%，超过了男孩48%的结果。这种变化反映了父母的观念也在发生变化。与10年前相比，回答希望自家孩子上大学的家长中，男孩家长的比例高于女孩家长，但到2022年，这种差异已经消失了。 　尽管在上大学的意愿方面男女差异不大，但在家庭内，父母对待孩子

る傾向がある。「男らしく、女らしく育てる」という伝統的な考え方に賛成するのは、男子の父親の70％以上という結果が出ている。

（ア　それでも）、中高生の多くは、伝統的な男女の役割分担に捉われず、様々な可能性を受け入れている。友だちが「身体の性と心の性が一致しない」と話してくれた場合、中学生の約70％、高校生の80％以上が「理解できる」と答えた。ほかに、親の子育ての分担は、10年前から変わらず「母親が中心」が多いが、中高生が想像する将来の夫婦の子育てについての考えが違う。「父親も母親も同じくらい参加する」が70％以上となり、10年前の50％に比べて、大きく増加していることが分かった。

将来の家庭では、親が子供の教育にもっと平等に参加することが増えるだろう。これで、子供たちはより公正的な環境で育ち、様々な人や考え方を受け入れるようになる。そして、それぞれの個人が成長し、幸福を求めるための機会が多くなるだろう。

的方式却因孩子的性别而有所不同。70％以上的男孩父亲赞成传统的"男性化、女性化教育"。

即便如此，很多初高中生不受传统的男女角色分配束缚，愿意接受各种可能性。如果朋友告诉他们"（我）身体和心理性别不一致"，大约70％的初中生和80％以上的高中生表示"可以理解"。另外，虽然在父母养育孩子的角色分配上，和10年前一样，"母亲仍然扮演中心角色"，但初高中生想象的未来夫妻的育儿方式和10年前的"以母亲为中心"的育儿方式不同。超过70％的初高中生认为"父母应该同等参与"，相比于10年前的50％，增加了很多。

预计未来的家庭中，父母将更加平等地参与孩子的教育。这将使孩子们在更加公平的环境中成长，更能接受各种人和想法。然后，每个人都将有更多的机会成长并追求幸福。

31.【参考答案】B

【本题问题】关于当前大学升学意愿，正确的是哪一项？

【答案解析】本题考查对第二段第1句的句意理解。根据上文翻译，题目问的是：当前大学升学意愿的现状，即"希望上大学的女孩占54％，超过了男孩48％的结果"，故应是"女生的意愿比男生的强"。由此可见，选项B正确。

32.【参考答案】A

【本题问题】文中的"因孩子的性别而有所不同"指代的内容是哪一项？

【答案解析】本题考查对第三段第2句的句意理解。根据上文翻译，题目问的是：父母对待男孩、女孩的不同方式，即"传统的'男性化、女性化教育'"，故应是"对待孩子的方式基于传统的性别角色分配"。由此可见，选项A正确。

33.【参考答案】C

【本题问题】在文中（　ア　）的位置放入哪个词最合适？

【答案解析】本题考查对第三段和第四段的内容衔接。根据上文翻译，题目问的是：父母的传统教育理念和许多初高中生持有的新观念之间的逻辑关系，即"70％以上的男孩父亲赞成传统的'男性化、女性化教育'。（即便如此），很多初高中生

不受传统的男女角色分配束缚，愿意接受各种可能性"，初高中生们不受父母的教育理念束缚这一点来看，故应是"即便如此"。由此可见，选项C正确。

34.【参考答案】B

【本题问题】初高中生是如何想象未来夫妻的育儿模式的？

【答案解析】本题考查对第四段第3~4句的句意理解。文中初高中生想象的未来夫妻的育儿方式和10年前的"以母亲为中心"的育儿方式不同，有70%的人认为父母双方都会平等地参与育儿。由此可见，选项B正确。

35.【参考答案】C

【本题问题】关于未来的家庭，与文章不符合的是哪个选项？

【答案解析】本题考查对文章最后一段的细节理解。结合文中"幸福を求めるための機会が多くなるだろう"可知根据选项A与文章相符。文中提到"子供たちはより公正的な環境で育ち、様々な人や考え方を受け入れるようになる"，翻译为"这将使孩子们在更加公平的环境中成长，更能接受各种人和想法"，因此选项B"孩子的想法更具有包容性"与文章相符。同样结合"それぞれの個人が成長し、幸福を求めるための機会が多くなるだろう"一句可知"每个人都将有更多的机会成长并追求幸福"，因此选项D"每个人成长机会变多"与文章相符。而最后一段提到"親が子供の教育にもっと平等に参加することが増えるだろう"，可知应该是父母双方平等地参与孩子的教育，因此选项C"母亲成为育儿中心"与文章不符，故选C。

（四）

原文	中文翻译
外国人にとって、数ある言語の中でも日本語は特に（ア　難しい）とされている。その理由は、漢字とひらがな・カタカナの組み合わせや敬語の複雑さなどが考えられるが、それだけでなく、他の原因もあるだろう。	对外国人来说，日语在众多语言中是特别难的。这一现象的原因可能是因为汉字和平假名、片假名的组合，以及敬语的复杂性等，但不仅仅是因为这些，还有其他原因。
まず、日本語の発音やアクセントは独特である。同じ表記でも、アクセントの位置によって意味が変わることがある。例えば、「箸」と「橋」である。これが学習者にとっては発音が難しく感じられることがあるだろう。	首先，日语的发音和声调是独特的。即使是相同的书写，声调位置不同可能导致意义不同。例如，"箸"和"桥"。这可能会让学习者觉得发音很难吧。
また、日本語は文化と深く関連している。言葉の本当の意味を理解するためには、文化を理解する必要がある。例えば、「すみません」という言葉は謝る場合だけに使うのではなく、感謝や問いかける意味も含んでいる。	此外，日语与文化密切相关。要理解词语的真正意义，就需要理解文化。例如，"すみません"这个词不仅用于道歉，还包含感谢或询问等含义。

さらに、日本語には翻訳しにくい独自の表現がある。「わびさび」という概念は、その典型である。これは、不完全さや儚さ（短暂）の中にも美しさや奥深さ（深度）を感じる感覚を指す。たとえば、「桜散る（樱花飘落）」「雪が積もる（积雪）」などの日本語は、一見すれば自然や天候の状態を示している。しかし、これらの言葉の裏には春が過ぎて新緑の季節の訪れを感じさせたり、冬が訪れ、厳しい寒さがやってくるといったことも示唆（暗示）している。このような感性や哲学は日本文化に深く根ざして（根植）おり、日本語にも反映されている。 これらの原因が重なって、日本語の学習が難しくなっているだろう。	另外，日语中存在着难以翻译的独特表达。"わびさび"是一个典型例子。这个概念指的是在不完美或短暂中感受到美丽和深度。例如，"桜散る""雪が積もる"等日语看似只是描述自然或天气状况。但在这些词语的背后，也暗示着春天过去，新绿季节来临，或者冬天来临，严寒即将到来等等。这种感性和哲学深深根植于日本文化中，并反映在日语里。 这些原因相互叠加，使得学习日语变得难了吧。

36.【参考答案】B

　【本题问题】在文中（　ア　）的位置放入哪个词最合适？

　【答案解析】本题考查对整篇文章的把握，尤其是第五段第1句的句意理解。根据上文翻译，题目问的是：日语的特征，即"这些原因相互叠加，使得学习日语变得难了吧"，故应是"难的"。由此可见，选项B正确。

37.【参考答案】A

　【本题问题】关于文中的"「箸」と「橋」（筷子和桥）"，对其发音，学习者觉得难的原因是什么？

　【答案解析】本题考查对第二段第2~4句的句意理解。根据上文翻译，题目问的是：两个单词的发音区分困难的原因，即"即使是相同的书写，声调位置不同可能会导致意义不同"，故应是"虽然拼写相同，但声调不同"。由此可见，选项A正确。

38.【参考答案】A

　【本题问题】根据文章，"すみません（不好意思）"中，没有包含的意思是什么？

　【答案解析】本题考查对第三段第3句的句意理解。根据上文翻译，题目问的是："すみません（不好意思）"的使用场景，即"不仅用于道歉，还包含感谢或询问等含义"，故应是"谦逊"的意思。由此可见，选项A正确。

39.【参考答案】B

　【本题问题】文中有"雪が積もる（积雪）"，从中传达出的"わびさび（佗寂）"是什么？

　【答案解析】本题考查对第四段第4~5句的句意理解。根据上文翻译，题目问的是："雪が積もる（积雪）"和"わびさび（佗寂）"的联系，即"冬天来临，严寒即将到来"，故应是"暗示着严寒"。由此可见，选项B正确。

40.【参考答案】D

　【本题问题】根据作者的观点，日语学习难的原因不包括以下哪一项？

本题考查对文章的整体把握，尤其是第一段，以及第二、三、四段开头第1句的句意理解。根据上文翻译，题目问的是：作者对日语学习难这一问题的看法，即"汉字和平假名、片假名的组合，以及敬语的复杂性"，以及后面提到的原因"日语发音和声调是独特的""日语与文化密切相关""日语中存在着难以翻译的独特表达"，故"因为与其他语言不同"不属于日语学习难的原因。由此可见，应选D。

第三部分 语言运用

第一节

原文	中文翻译
仁慈深き老夫婦と、貪欲なる老夫婦が隣同士で住んでいた。 　ある日、仁慈深き老夫婦の所に小犬が逃げ<u>41てきた</u>。その後、貪欲なる老夫婦が、その犬は自分の畑を荒らした（破壊）と訴えて追及してきた。仁慈深き老夫婦は、隣の老夫婦に頭を<u>42下げて</u>許しを請い、その小犬に「ポチ」と名付けて飼育すること<u>43にした</u>。老夫婦に可愛がられてポチはぐんぐん成長した。 　ある日、ポチが裏山で「ここ掘れワンワン！」と吠えるので、そこを掘ってみるとたくさんの小判（金币）が出てきた。それを目撃した隣の貪欲なる老夫婦は、ポチを奪って裏山を掘ったが、蛇や化け物が現れたので、怒りの<u>44あまり</u>ポチを殺して<u>45しまった</u>。 　ポチに<u>46死なれた</u>お爺さんは、悲しみに暮れた。お爺さんは悲しくて裏山にポチの遺体を埋葬し、そこに小さな木製の墓標を立てた。<u>47すると</u>、墓標は桜の木に変貌した。その木はお爺さんに話しかけて、「臼（春）にしてくれ～」と頼んだので、木を切って臼にして餅を搗いたところに、餅が金の餅に変わった。老夫婦は喜んで、金の餅を売ってお金にした。隣の老夫婦が羨ましくそれを真似すると餅は泥団子になり、バチンバチンとはじけて（裂開）顔を真っ黒にした。老夫婦は<u>48怒って</u>、臼を壊して、火に投げ込んだ。その結果、臼は爆音を立てて火花を散らした。その火花は老夫婦の家に飛んで、家を焼失した。お爺さんとお婆さんは、臼の灰を<u>49もらって</u>、桜の木にかけた	有一对仁慈的老夫妇和一对贪婪的老夫妇是邻居。 　有一天，一只小狗<u>41跑到</u>仁慈的老夫妇那里。之后，贪婪的老夫妇跑来控诉那只狗糟蹋了自己的田地。仁慈的老夫妇向邻居老夫妇<u>42低下头</u>求饶，然后给那只小狗取名"波奇"并<u>43决定</u>收养这只小狗。在老夫妇的疼爱下，波奇茁壮成长。 　有一天，波奇在后山叫着："挖这里汪汪！"（仁慈的老夫妇）试着挖了挖，挖出来了很多金币。贪婪的邻居老夫妇看到这一幕，抢过波奇也挖了后山，但是却挖出来了蛇和怪物，他们愤怒<u>44至极</u>，所以<u>45一气之下</u>杀了。 　波奇<u>46死去</u>，老爷爷沉浸在悲伤中。老爷爷悲伤地在后山埋葬了波奇的遗体，在那里立了一个木制的小墓碑。<u>47于是</u>，墓碑变成了樱花树。那棵树跟老爷爷拜托道："把我做成春吧！"于是老爷爷把树砍了做成春捣了年糕，结果年糕变成了金牛糕。老夫妇很高兴，把金年糕卖了钱。隔壁的老夫妇羡慕地模仿着他们，结果年糕变成了泥团子，泥团子啪嗒啪嗒地裂开，把老夫妇的脸溅得漆黑。（贪婪的）老夫妇<u>48生气了</u>，把春弄坏，扔进了火里。结果，春发出爆炸声，火花四溅。那火花飞到（贪婪的）老

ら、桜の木は綺麗な花を咲かせた。その花は、ポチの魂が宿っているようだった。仁慈深き老夫婦は、桜の木の恩恵で50 幸福に暮らした。そして、桜の木は毎年華麗な花を咲かせた。	夫妇的家里，烧毁了房子。仁慈的老爷爷和老奶奶49 拿到了春烧成的灰，将其撒在樱花树上，樱花树就开出了美丽的花。那朵花好像寄宿着波奇的灵魂。仁慈的老夫妇在樱花树的恩惠下50 幸福地生活着。而且，樱花树每年都开出华丽的花朵。

41.【参考答案】B

　　【本题考点】考查补助动词"～てくる"的用法。

　　【答案解析】根据上下文知道，小狗是逃到仁慈的老爷爷家。故选择B，表示在空间上由远及近的动作。选项A是"～ていく"的过去时态，表示空间上由近及远的动作；选项C是"～ている"的过去时态；选项D是"～ておく"的过去时态，与上下文意思不符。

42.【参考答案】A

　　【本题考点】考查单词"下げる"及自他动词辨析。

　　【答案解析】根据上下文此处应该是老爷爷要低头道歉，同时设问处应该选择他动词。故选A。选项B是自动词，意为"下降"，选项C是他动词，意为"抬起"，选项D是自动词，意为"上升"，与上下文意思不符。

43.【参考答案】D

　　【本题考点】考查固定句型"～ことにする"。

　　【答案解析】选项D表示自己决定做某事，此处爷爷决定收养小狗。选项A是"～がする"的过去时态，表示感官的感觉等；选项B是"～ことになる"的过去时态，表示外部的决定；选项C错误。

44.【参考答案】D

　　【本题考点】考查副助词"あまり"的用法。

　　【答案解析】设问处情感态度应该是"愤怒"，选项D表示"因过度……"，本句意思是"愤怒至极杀了波奇"，故选D。选项A是"总是"，选项B是"按照"，选项C是"代替"。

45.【参考答案】B

　　【本题考点】考查补助动词"～てしまう"的用法。

　　【答案解析】设问处为贪婪的爷爷杀了小狗，是不好的事情，因此选B。选项A构成"～てみる"的过去时态，选项C构成"～ている"的过去时态，选项D构成"～ておく"的过去时态。

46.【参考答案】A

　　【本题考点】考查间接受害被动句的识别。

　　【答案解析】通过"ポチに"判断出此处是被动句结构，故选A，表示间接受害。选项B为使役被动，选项C是使役，选项D用于主动句。

47.【参考答案】C

　　【本题考点】考查接续词"～すると"。

　　【答案解析】"～すると"表示前项发生主体完成的一个动作后，出现了后面的情况。故选C。选项A是"因此"，前项说明原因理由，后项说明由此引发的动作行为，且后项行为是主观意志决定的，但原文是出乎意料的情况，故不选A；选项B表"而且"；选项D表"但是"，与原文意思不符，故不选。

48.【参考答案】A

　　【本题考点】考查动词意思辨析及文章情感色彩判断。

　　【答案解析】设问处前文介绍有贪婪的老夫妇受到了惩罚，根据后项行为判断设问处的情绪应该是"愤怒"，故选A。选项B是"哭泣"，选项C是"开心"，选项D是"害怕"。

49.【参考答案】D

　　【本题考点】考查授受动词的辨析。

　　【答案解析】设问处是"お爺さんとお婆さん"作主语，他们获得了"灰"，故选"もらって"。选项A是"获得"的自谦语，此处不需要自谦；选项B是别人"给"我或者我方的人；选项C是主语"给"别人。

50.【参考答案】B

　　【本题考点】考查形容词意思辨析及文章情感色彩判断。

　　【答案解析】设问处为在樱花树的恩惠下，应该是"幸福地生活"，故选B。选项A是"痛苦"，选项C是"不幸"，选项D是"幸运"。

第二节

51.【参考答案】作品で

　　【答案解析】考查名词中顿形表示并列的用法。

52.【参考答案】か

　　【答案解析】考查"疑问词+か"表不确定的用法。文中没有提到具体的人，本句翻译为"古斯柯布多力是一个因饥荒而失去父母，妹妹也被别人拐走的孤独的人"。

53.【参考答案】こそ

　　【答案解析】考查"こそ"表示强调确定语气的用法，翻译为"唯有，才，正是"，通过上下文判断设问处应该是强调这种精神正是宫泽贤治所追求的，本句话翻译为"这正是贤治所追求的人物形象吧"。

54.【参考答案】りそう

　　【答案解析】考查单词"理想"的对应假名。

55.【参考答案】できない

　　【答案解析】考查"まま"前应该加动词简体形式的用法，表示"原样"的含义。同时，根据上下文判断此处应为否定，翻译成"贤治在那之后，没能实现自己的志向就

以37岁的年纪去世了"，故答案为"できない"。

56.【参考答案】挑戦

【答案解析】考查单词"挑戦する"的当用汉字。

57.【参考答案】乗って

【答案解析】考查"乗る"的"て形"变形，故答案为"乗って"。

58.【参考答案】深く

【答案解析】考查一类形容词修饰动词的用法，其规则是将词尾"い"变为"く"加动词。故答案为"深く"。

59.【参考答案】すれ

【答案解析】考查"する"的"ば形"的变形，故答案为"すれ"，翻译为"如果大家都这样做的话，贤治理想中的真正的幸福就会到来吧"。

60.【参考答案】ても

【答案解析】考查"疑问词+ても"表示"无论……都……"的用法。设问处前面的"どんな"为疑问词，本句话翻译为"无论遇到什么挫折，我都想成为像贤治一样走自己的路，追逐梦想和幸福的人"。

第四部分　写作

第一节　范文

日	本	人	留	学	生	の	皆	様	へ										
	水	資	源	が	不	足	し	て	い	て	節	水	が	ま	す	ま	す	大	切	に	なっ	て	い
ま	す	。	そ	こ	で	、	節	水	サ	ー	ク	ル	は	今	学	期	、	節	水	活	動	を	行	う
予	定	で	す	。															
	一	緒	に	積	極	的	に	節	水	活	動	に	参	加	し	て	、	日	常	生	活	で	節	水
を	徹	底	的	に	し	ま	し	ょ	う	。									
	20	24	年	2	月	8	日												
															節	水	サ	ー	ク	ル	

第二节　范文

						私	の	好	き	な	漢	字							
	「	山	」	と	い	う	漢	字	は	私	の	お	気	に	入	り	で	す	。	横	の	一	は	縦
線	三	本	を	繋	げ	、	山	が	三	つ	地	表	に	付	き	出	た	イ	メ	ー	ジ	を	伝	え
ま	す	。	簡	単	そ	う	に	見	え	る	こ	の	漢	字	に	は	、	書	道	の	授	業	で	初

めて練習した時、上手く書けなかった思い出があります。100
　先生が「簡単な漢字こそ、その奥深さを表現するのが
難しいのだ」と話していたことを今でも覚えています。
山の漢字を書くことに挑戦し、筆を使って山の輪郭や荒
々しさを表現することに苦労しました。後で辞書を調べ200
てみると、縦線三本の三は、中国語の古義では、「多い」
を意味するそうです。これによって、この漢字の魅力を
感じました。「少ない」は「多い」を意味し、簡単であ
るほど、その簡単さを表現するのが難しいというのは、300
私のこの漢字を好む理由の一つです。

新高考日语模拟卷（十）

答案速览

第一部分　听力

1	2	3	4	5	6	7	8	9	10	11	12	13	14	15	16	17	18	19	20
B	A	B	B	C	C	B	A	B	A	C	B	A	B	C	B	C	B	A	C

第二部分　阅读

21	22	23	24	25	26	27	28	29	30	31	32	33	34	35	36	37	38	39	40
A	D	C	B	D	C	D	B	D	A	B	D	A	B	D	D	B	C	C	D

第三部分　语言运用

第一节

41	42	43	44	45	46	47	48	49	50
A	D	C	C	D	D	A	C	A	B

第二节

51	52	53	54	55
同僚	でき	で	よかった	起これ

56	57	58	59	60
を	よゆう	なく	有意義な	が

听力原文

1.

男：すみません、今何時ですか？

女：今は午後３時半です。

男：ああ、そうですか。アルバイトに行かないといけませんね。ありがとうございます。

女：どういたしまして。

2.

男：先週の土曜日、友達と一緒に山へハイキングに行きました。

女：それは楽しそうですね。なぜ山に行くことになったんですか？

男：最近、仕事や勉強で忙しくなり、ストレスがたまってきたんです。大自然の中でリラックスしたいと思って。

女：いいアイディアですね。自然の中にいれば、気分がすっきりしますね。

3.

女：ねえ、鈴木さん。日本の新学期はいつから始まるんだろう。

男：そうだね。私たちは4月からだよ。

女：そうなんだ。中国と違うね。私たちは9月に新しい学期が始まるんだ。

4.

女：あっ、そういえば、田中さん、今週の天気予報を知ってる？

男：うん、昨日見たよ。今週は月曜日から水曜日まで晴れて、木曜日に雨が降るという予報だよ。金曜日からはまた晴れるそうだね。

女：そうか。火曜日の運動会が無事に行われるといいね。

5.

男：すみませんが、明日の予定についてお聞きしたいんですが。

女：そうですね。それは弊社の佐藤が担当していますので…

男：ありがとうございます。ちなみに、佐藤さんの連絡先を教えていただけないでしょうか。

女：はい、5416-3649です。何かありましたらご連絡ください。

6~7.

男：皆さんへのお知らせです。最近、天気が急に変化したので、風邪をひいた人がどんどん増えています。ご自身と周囲を守るため、感染予防対策を徹底しましょう。手洗いやマスクの着用をお願いします。また、発熱や風邪症状がある場合は速やかに医療機関へ相談しましょう。協力して感染拡大を少なくし、安全な日常に戻りましょう。

8~9.

男：卒業まであとわずかだね。

女：そうだね。みんなで何かやろうってことになってるよ。

男：何をするつもり？

女：先生に感謝の気持ちを伝えたいけど、何をするかまだ決めていないの。

男：それなら、何か特別なプレゼントを用意するとか、感謝の手紙を書くとかどう？

女：いいね、手紙なら気持ちが伝わりそう！また、マフラーなどと一緒に送るのはどうかな？

男：それは素敵だね！寒い時使えるし、先生はきっと喜ぶだろう。

10~12.

男：ねえ、実は初めて日本に来て、昨日の地震にビックリしちゃったんだ。

女：そうだよね。昨日の地震は4.2もあったって聞いたよ。

男：すごく怖かったよ！ところで、揺れが始まったら、まず、どうすればいいんだろう？

女：そうだね。机の下に隠れるとか、頭を守るようにして、安全な場所に避難するのが一番いい選択なんだよ。

男：なるほど。

女：それから、余震にも気をつけなきゃ。普段から地域の避難場所や緊急情報を知っておくこ

とも大事だよ。そうすることで被害を最小限にすることができるんだから。

男：分かった。ありがとう。

13~16.

男：中田さん。大学の専門、どうして心理学を選んだの？

女：ええと、実は人の心理に興味があってさ。なんで人があんな行動をしたり、感情がこう変わったりするのか、それが知りたくて。

男：なるほどね。将来の夢はなに？

女：人の心の健康サポートするのが夢なの。吉田さんは？

男：私はコンピューターサイエンス専攻だよ。テクノロジーが好きで、特に人工知能に夢中している感じ。将来は新しい技術で社会に貢献したいんだ。

女：へえ、あまり聞き慣れないけど。すごいね。

17~20.

男：いらっしゃいませ。お越しいただき、誠にありがとうございます。本日は当動物園で様々な動物をご覧いただけます。まず始めに、ご案内させていただく地域がございますが、どのコースになさいますか？

女：ありがとうございます。ライオン、ゾウ、キリンなどが好きだから、そちらの「サバンナツアー」に参加したいです。

男：承知いたしました。それでは、サバンナツアーへのご参加、心より感謝申し上げます。どうぞごゆっくりお楽しみください。

答案详解

第一部分　听力

第一节

1.【参考答案】B

　【本题问题】现在几点？

　【答案解析】女：今は午後3時半です。（现在是下午3点半。）此题考查提取具体信息，故答案选B（下午3点半）。

2.【参考答案】A

　【本题问题】上周六，男子做了什么？

　【答案解析】男：先週の土曜日、友達と一緒に山へハイキングに行きました。（上周六，我和朋友一起去山里远足了。）此题考查提取具体信息，故答案选A（去远足）。

3.【参考答案】B

　【本题问题】在男子那里，什么时候开始新学期？

　【答案解析】男：私たちは4月からだよ。（我们是4月开始哟。）此题考查提取具体信息，故答案选B（4月）。

4.【参考答案】B

　　【本题问题】根据天气预报，运动会那天是什么样的天气？

　　【答案解析】男：今週は月曜日から水曜日まで晴れて。（这周一至周三是晴天。）女：火曜日の運動会が無事に行われるといいね。（周二的运动会顺利开展就好了。）此题考查提取具体信息，故答案选B（晴天）。

5.【参考答案】C

　　【本题问题】负责人的手机号码是哪个？

　　【答案解析】女：５４１６－３６４９です。（是5416-3649。）此题考查提取具体信息，故答案选C。

第二节

6.【参考答案】C

　　【本题问题】作为预防感染的措施，作者的建议是哪一项？

　　【答案解析】男：ご自身と周囲を守るため、感染予防対策を徹底しましょう。手洗いやマスクの着用をお願いします。（为了保护您自己与身边人，请贯彻预防感染的措施。请注意洗手、戴口罩。）此题考查提取具体信息，根据这句话，可知作为预防感染的措施，建议洗手、戴口罩，故答案选C。

7.【参考答案】B

　　【本题问题】根据通知，发烧的话该怎么做？

　　【答案解析】男：また、発熱や風邪症状がある場合は速やかに医療機関へ相談しましょう。（并且，如果有发烧、感冒的症状时请尽快联系医疗机构。）此题考查提取具体信息，根据这句话，可知发烧时应该尽快联系医疗机构，故答案选B。

8.【参考答案】A

　　【本题问题】男子和女子打算送什么？

　　【答案解析】男：それなら、何か特別なプレゼントを用意するとか、感謝の手紙を書くとかどう？（那么，准备一些特别的礼物，比如写感谢信，怎么样？）女：いいね、手紙なら気持ちが伝わりそう！また、マフラーなどと一緒に送るのはどうかな？（好主意，写信的话感情会更容易传达！再加上围巾之类的一起送怎么样？）男：それは素敵だね！（那太棒了。）此题考查提取具体信息，根据这句话，可知男女商量后打算送感谢信和围巾，故答案选A。

9.【参考答案】B

　　【本题问题】男子和女子在聊什么？

　　【答案解析】男：卒業まであとわずかだね。（就快毕业了呢。）女：そうだね。みんなで何かやろうってことになってるよ。（是啊，大家都在商量要做点什么。）男：何をするつもり？（打算做什么？）女：先生に感謝の気持ちを伝えたいけど、何をするかまだ決めていないの。（想要表达对老师的感激之情，但还

没有决定要送什么。）此题考查对全文的主题理解，根据这句话，可以推断出男子和女子在聊给老师的礼物，故答案选B。

10.【参考答案】A

【本题问题】男子是第几次来日本？

【答案解析】男：ねえ、実は初めて日本に来て。（实际上我是第一次来日本。）此题考查同义词的转换，"初めて"与"1回目"同义，故答案选A。

11.【参考答案】C

【本题问题】昨天发生了几级地震？

【答案解析】女：昨日の地震は4.2もあったって聞いたよ。（听说昨天的地震有4.2级呢！）此题考查提取具体信息，根据这句话，可知昨天发生了4.2级的地震，故答案选C。

12.【参考答案】B

【本题问题】万一发生了地震，首先应该做什么？

【答案解析】男：すごく怖かったよ！ところで、揺れが始まったら、まず、どうすればいいんだろう？（好可怕啊！但是，地震开始了，首先该怎么办呢？）女：そうだね。机の下に隠れるとか、頭を守るようにして、安全な場所に避難するのが一番いい選択なんだよ。（是啊。最好的选择是躲到桌子下面，保护好头部，然后前往安全的地方逃生。）男：なるほど。（原来如此。）此题考查提取具体信息，根据这句话，可知发生地震后，首先应该躲到桌子下面，保护好头部，然后前往安全的地方避难，故答案选B。

13.【参考答案】A

【本题问题】女子的专业是什么？

【答案解析】男：中田さん。大学の専門、どうして心理学を選んだの？（中田，大学的专业你为什么选心理学呀？）此题考查提取具体信息，根据这句话，可知女子的专业是心理学，故答案选A。

14.【参考答案】B

【本题问题】女子将来想做什么？

【答案解析】男：なるほどね。将来の夢はなに？（原来如此。你未来的梦想是什么？）女：人の心の健康サポートするのが夢なの。（我的梦想是辅助人们心理健康。）此题考查同义词的转换，"サポート"与"支持する"同义，故答案选B。

15.【参考答案】C

【本题问题】男子对什么专业感兴趣？

【答案解析】男：私はコンピューターサイエンス専攻だよ。テクノロジーが好きで、特に人工知能に夢中している感じ。（我主修计算机科学。我喜欢技术，特别是对人工智能着迷。）此题考查提取具体信息，根据这句话，可知男子对技术、人工智能感兴趣，故答案选C。

16.【参考答案】B

　　【本题问题】男子为什么选择如今的专业？

　　【答案解析】男：私はコンピューターサイエンス専攻だよ。テクノロジーが好きで、特に
　　　　　　　　人工知能に夢中している感じ。将来は新しい技術で社会に貢献したいんだ。
　　　　　　　　（我主修计算机科学。我喜欢技术，特别是对人工智能着迷。我希望未来能够
　　　　　　　　通过新技术为社会做出贡献。）此题考查提取具体信息，根据这句话，可知男
　　　　　　　　子是因为未来想要通过新技术为社会做出贡献才选择如今的计算机科学专业
　　　　　　　　的，故答案选B。

17.【参考答案】C

　　【本题问题】两个人现在在哪里聊天？

　　【答案解析】男：いらっしゃいませ。お越しいただき、誠にありがとうございます。本日
　　　　　　　　は当動物園で様々な動物をご覧いただけます。まず始めに、ご案内させてい
　　　　　　　　ただく地域がございますが、どのコースになさいますか？（欢迎光临。感谢
　　　　　　　　您的光临，今天您可以在我们的动物园观赏各种动物。首先，我将为您提供导
　　　　　　　　览服务，您想选择哪条路线呢？）此题考查简单逻辑推断，根据这句话，可以
　　　　　　　　推断两个人现在在动物园，故答案选C。

18.【参考答案】B

　　【本题问题】女子决定走哪条路线？

　　【答案解析】女：ありがとうございます。ライオン、ゾウ、キリンなどが好きだから、そ
　　　　　　　　ちらの「サバンナツアー」に参加したいです。（谢谢。我喜欢狮子、大象、
　　　　　　　　长颈鹿等动物，所以我想参加那边的"草原之旅"。）此题考查提取具体信
　　　　　　　　息，根据这句话，可知女子最终决定走"草原之旅"的路线，故答案选B。

19.【参考答案】A

　　【本题问题】男子从事什么工作？

　　【答案解析】男：いらっしゃいませ。お越しいただき、誠にありがとうございます。本日
　　　　　　　　は当動物園で様々な動物をご覧いただけます。まず始めに、ご案内させてい
　　　　　　　　ただく地域がございますが、どのコースになさいますか？（欢迎光临。感谢
　　　　　　　　您的光临，今天您可以在我们的动物园观赏各种动物。首先，我将为您提供导
　　　　　　　　览服务，您想选择哪条路线呢？）此题考查简单的逻辑推断，根据这句话，可
　　　　　　　　以推断男子是在动物园从事导游一职，故答案选A。

20.【参考答案】C

　　【本题问题】女子喜欢什么？

　　【答案解析】女：ありがとうございます。ライオン、ゾウ、キリンなどが好きだから、そ
　　　　　　　　ちらの「サバンナツアー」に参加したいです。（谢谢。我喜欢狮子、大象、
　　　　　　　　长颈鹿等动物，所以我想参加那边的"草原之旅"。）此题考查提取具体信
　　　　　　　　息，根据这句话，可以推断女子喜欢狮子、大象、长颈鹿等，故答案选C。

（一）

原文	中文翻译
高校二年生の時、仲間と地域の夏祭りのボランティア活動に参加したことがある。その中でも私たちはまったく経験がなかったが、「楽しそうだから」という軽い気持ちで太鼓をやることにした。 　　夏休みを利用して太鼓の練習を行った。先生は見た目は厳しそうな感じだったが、実はとても優しい方で、丁寧に教えてくださった。仲間が来られない日は<u>心細かった</u>とはいえ、知らない先輩や社会人の人々が親切してくれたおかげで楽しんで参加できた。最初はすぐ叩けるようになると思っていたが、初めてだったので太鼓の叩き方や叩く箇所、バチ（太鼓）の持ち方など<u>分からないところがたくさんあった</u>。また、練習は進みも速く、ついていけなかった。みんなの足を引っ張ったらどうしようと心配していたところ、みんなが私達の隣についてくださり、教わりながらたくさん練習した。 　　夏祭り当日。みんなで法被（古代下级武士穿的上衣）を着て、やぐら（箭楼，高台）の上に登った。やぐらの上に登るのが初めてだったのでとてもわくわくした。毎年来ている祭りだったので自分がやぐらの上にいることが不思議な感じがして、なぜか誇らしく思った。提灯が灯り、やぐらの周りをたくさんの人が円になって、踊り、あっという間に楽しい時間が過ぎていった。 　　今回のボランティア活動を通じて、太鼓の面白さを知っただけでなく、伝統は<u>こうやって</u>受け継いでいくものだと感じて今後も積極的に参加したいと思う。	我在高中二年级的时候，和朋友一起参加了当地夏季节日的志愿者活动。虽然我们都毫无经验，但出于"看起来很有趣"的轻松心情，我们决定尝试打太鼓。 　　利用暑假进行太鼓的练习。老师看起来虽然很严厉，但实际非常和蔼，很耐心地指导我们。朋友无法前来的时候，我感到有些不安，但多亏不认识的前辈和社会人士们都很热情，我也练得很开心。起初以为自己很快就能打好太鼓，但由于是第一次，对于打太鼓的方法、敲击位置、持鼓槌的方式等都一无所知。此外，练习进行得很快，我跟不上。担心自己会拖后腿的时候，社会人士来到我们身边指导我们，我们一边学习一边进行了大量的练习。 　　活动当天，大家穿上法被，登上了高台。第一次登上高台的我非常兴奋。因为是每年都来看的活动，所以自己能站上这个舞台感觉很不可思议，还有种说不出的自豪。灯笼亮起，高台周围的人们围成一圈跳舞，愉快的时光很快就过去了。 　　通过这次的志愿者活动，我不仅了解到太鼓的有趣之处，还明白了传统原来是这样传承下去的，今后也想积极参与。

21.【参考答案】A

　　【本题问题】文中的"不安，心里没底"指的是谁不安？

　　【答案解析】本题考查对第二段第3句的句意理解。根据上文翻译，题目问的是：不安的主体是谁？根据句意，朋友无法前来的时候，"我"感到有些不安。由此可见，选项A正确。

22.【参考答案】D

　　【本题问题】文中的"有很多不明白的事情"的原因是？

　　【答案解析】本题考查对第二段第4句的句意理解。根据上文翻译，题目问的是：为什么有很多不明白的事情，即"由于是第一次，对于打太鼓的方法、敲击位置、持鼓槌的方式等都一无所知"，正确答案是原文的同义替换，即"没有打过太鼓"。由此可见，选项D正确。

23.【参考答案】C

　　【本题问题】文中的"像这样"指的内容是哪一项？

　　【答案解析】本题考查第四段第1句和跨段落的句子理解。根据上文翻译，题目问的是：如何传承传统文化的？根据上文"通过这次的志愿者活动，我不仅了解到太鼓的有趣之处，还明白了传统原来是这样传承下去的"，即"一边学一边练习"。由此可见，选项C正确。

24.【参考答案】B

　　【本题问题】活动当天，作者是怎样的心情？

　　【答案解析】本题考查对第三段第2~3句的内容理解。根据上文翻译，题目问的是：活动当天，作者是怎样的心情。可快速将答案定位在第三段，作者初次登台，很兴奋，觉得不可思议，感到有些自豪。由此可见，选项B正确。

25.【参考答案】D

　　【本题问题】作者如何看待这次的志愿者活动？

　　【答案解析】本题考查对文章最后一句的句意理解。根据上文翻译，题目问的是：作者对这次志愿者活动的看法，即"今后也想积极参与"，正确选项为原文意思的同义替换。由此可见，选项D正确。

（二）

原文	中文翻译
「わびさび」とは、質素（朴素）で物静かな様子の中で感じられる美しさを表す言葉だ。また、貧困や孤独の中でも心を満たそうとする意識そのものを、わびさびと表現することもある。（ア　つまり）、わびさびとは本来であれば避けたい・遠ざけたいような状態の中にしか存在しない美しさを表すのだ。 　飾り気がなく慎ましい（质朴，朴素）様子は現代日本でも美しいと考えられており、わびさびは日本人の日常生活や芸術表現にも大きな影響を与えている。その影響は、日本の芸術、建築、庭園、茶道、文学など様々な分野に及んでおり、日本人の生活や文化において重要な役割を果たしてきた。	"侘寂"是表示在朴素和宁静的状态中感受到的美。此外，有时也用"侘寂"来突出在贫困和孤独中努力填满心灵的意识。也就是说，"侘寂"是指存在于本应避免或远离的状态中的美。 　朴素谦逊的态度在现代日本也被认为是美的。"侘寂"对日本人的日常生活和艺术表达产生了重大影响。这种影响涉及日本艺术、建筑、庭园、茶道、文学等多领域，在日本人的生活和文化中扮演着重要的角色。

たとえば、茶道では、控えめ（克制）で質素な空間や道具、そして簡素な美しさが重視されている。茶室や茶碗などの道具には、わびさびの精神が反映されており、茶道の実践はわびさびの理念を体現するものだとされている。また、日本庭園においても、わびさびの影響が見られる。庭園では、自然の風景を取り入れ、控えめでありながらも繊細な美しさを表現することが重視されている。枯山水や回遊式庭園など、わびさびの精神が庭園デザインに反映されている。<u>これらの具体的な例</u>からもわかるように、わびさびの精神性は日本人の価値観や美意識に深く根付いて（扎根）おり、日本文化の中で重要な位置を占めている。	比如，在茶道中，强调朴素谦逊的空间、工具和简约的美。茶室和茶碗等工具反映了"侘寂"的精神，茶道的实践被视为体现"侘寂"理念的行为。另外，在日本庭园中也可以看到"侘寂"的影响。庭园中融入自然风景，强调朴素而细腻的美。干枯的枯山水和回游式庭园等，都反映了"侘寂"的精神在庭园设计中的体现。从这些具体的例子看出，"侘寂"的精神性在日本人的价值观和美学中根深蒂固，在日本文化中占据着重要地位。
現代社会では、物質的な豊かさや華やかさが強調されがちだが、わびさびの精神性は内面的な豊かさや繊細（細膩）な美しさを見出すことの大切さを教えてくれる。私は、日常生活や芸術、デザインなどのさまざまな側面で、その精神性を大切にしたいと考えている。	在当代社会中，物质上的富裕和华丽往往备受强调，但"侘寂"的精神性教导我们发现内在丰富和细腻美的重要性。我认为在日常生活、艺术和设计等各个方面，珍视这种精神性是很重要的。

26.【参考答案】C

【本题问题】在文中（　ア　）的位置放入哪个词最合适？

【答案解析】本题考查接续词。根据上文翻译，题目问的是填入哪个接续词连接前后两句。前后句都是介绍"わびさび"的概念，意思相同，表达不同。由此可见，选项C正确。

27.【参考答案】D

【本题问题】不符合文中"侘寂"定义的是哪一项？

【答案解析】本题考查对第一段内容的理解。根据上文，题目问的是："わびさび（侘寂）"的定义，选项D的意思为表达寂寞的词汇，文中并未提到，不属于"わびさび"的概念。由此可见，选项D正确。

28.【参考答案】B

【本题问题】文中的"这些具体的例子"指代的内容是哪一项？

【答案解析】本题考查对第三段内容的理解。根据上文翻译，题目问的是：体现"わびさび（侘寂）"影响的具体的例子是什么？故应是"展现细腻之美的庭园设计"，选项A、选项C、选项D与文章内容不符。由此可见，选项B正确。

29.【参考答案】D

【本题问题】作者如何看待"侘寂"？

【答案解析】本题考查对最后一段内容的理解。根据上文翻译，题目问的是：作者如何看待

"わびさび（侘寂）"，即"我认为在日常生活、艺术和设计等各个方面，珍视这种精神性是很重要的"。故应是"在现代社会也具有重要意义"。由此可见，选项D正确。

30.【参考答案】A

　　【本题问题】如果给文章拟个标题，最适合的是哪一项？

　　【答案解析】本题考查对文章的整体理解。根据上文翻译，题目问的是：最符合文章内容的标题。文章第一段讲述了"わびさび"的概念，第二、三段介绍了其影响及具体事例，最后一段总结了作者认为"わびさび"精神在现代社会中的意义。由此可见，选项A正确。

（三）

原文	中文翻译
私たちが暮らしている地域社会は、さまざまな心身の特性や考え方を持つ「多様な人」によって構成されています。しかしこれまで、地域社会は、多数派の人々のニーズと習慣に基づいて構築されてきたために、心身に障害のある人などにとって社会生活や日常生活に障壁となる「バリア（障碍）」が作り出されている場合があります。例えば、車椅子を利用する人が、店の前に階段があると入ることができません。それは、「階段を使えない人のことを考慮に入れなかった」「大多数の人は階段が使えるから」などから生み出されたものかもしれないが、車椅子を使う人にとっては（ア　暮らしにくさ）を感じることとなります。つまり、バリアは、歩けないこと、見えないことなどそのものではなく、歩けない、見えない人たちなどが使用することを想定しない状況を生み出してしまった「（イ　社会）」の側にあります。「バリア」が社会の中に作られていることに気づいてからはじめてバリアを作り出さない、無くすための動きが取れるでしょう。 　また、障害のある人に対する差別や、障害のある人はかわいそうで一方的に助けられるべき存在といった誤解があったことは否定できません。障害があるからといって差別をしてはいけません。多様な人々で作られている社会において、助け合い、差別や偏見を排除して、お互いを尊重し、支え合い、誰もが生き生きとした人生を楽しめる社会を一緒に作っていきましょう。	我们所生活的社会是由拥有各种心智和身体特征以及不同思维方式的"多样化人群"构成的。然而，由于社会一直以来都是根据多数人的需求和习惯构建的，因此可能存在对身心障碍者等人群造成社会生活和日常生活障碍的"障碍"。例如，使用轮椅的人在店铺门口有楼梯时无法进入。这可能是因为"没有考虑到无法使用楼梯的人"，以及"大多数人可以使用楼梯"等原因导致的，但对于使用轮椅的人来说，这可能会带来生活的困扰。换句话说，障碍并不是指无法行走或看不见等本身的问题，而是存在于忽视残障人群需求而创建出的"社会"中。只有意识到"障碍"是社会中存在的，我们才能够开始采取行动来避免产生障碍，或者消除已有的障碍。 　此外，不能否认存在对残疾人的歧视，以及认为他们是很可怜的，应该被单方面施予帮助的存在的误解。我们不应该区别对待残疾人。在由多样化人群构成的社会中，我们应该相互帮助，消除歧视和偏见，相互尊重，互相支持，共同创造一个人人能乐在其中、充满生机的社会。

31.【参考答案】B

　　【本题问题】文中"我们所生活的社会"是怎样的社会？

　　【答案解析】本题考查对第一段第1~2句的句意理解。根据上文翻译，题目问的是：我们所生活的社会，即"是由拥有各种心智和身体特征以及不同思维方式的'多样化人群'构成的"，故应是"由多样的人群组成的社会"。由此可见，选项B正确。

32.【参考答案】D

　　【本题问题】文中的"障碍"出现的原因是哪一项？

　　【答案解析】本题考查对第一段第2句的句意理解。根据上文翻译及表示原因的关键词"ために"，可推断答案位于前半句。翻译为"社会一直以来都是根据多数人的需求和习惯构建的"，由此可见，选项D正确。

33.【参考答案】A

　　【本题问题】在文中（　ア　）的位置放入哪个词最合适？

　　【答案解析】本题考查对第一段第3句的句意理解。根据上文翻译，题目问的是：使用轮椅的人对不能进入门前有台阶的店铺的感受。根据前后句内容可推测出是"感受到生活上的不便"。由此可见，选项A正确。

34.【参考答案】B

　　【本题问题】在文中（　イ　）的位置放入哪个词最合适？

　　【答案解析】本题考查对第一段第4句的句意理解。根据上下文可推测，题目问的是：障碍源自何处？即"障碍并不是指无法行走或看不见等本身的问题，而是存在于忽视残障人群需求而创建出的社会中"。由此可见，选项B正确。

35.【参考答案】D

　　【本题问题】作者最想表达的是什么？

　　【答案解析】本题考查作者的情感态度。根据上文翻译，题目问的是：作者最想表达的内容。根据文章最后一句，结合整篇文章的内容，作者倡议"共同创造一个人人能乐在其中、充满生机的社会"。由此可见，选项D正确。

（四）

原文	中文翻译
日本で「冬季うつ病」という病気を最近よく耳にするようになった。「冬季うつ病」は、風が冷たくなり、冬が迫ってくると、寒さと共に気分が憂鬱（忧郁）になってしまう心の病気だ。 　報告によると、特に北日本の寒い地域では、「冬季うつ病」の患者発症数が多い傾向にあるそうだ。寒い季節に症状が出る「冬季うつ病」は、元々	最近在日本经常听到"冬季抑郁症"这种疾病。所谓的"冬季抑郁症"是一种随着寒冷气息的到来，人们的心情也变得低落的心理疾病。 　据报道,特别是在北部寒冷地区，"冬季抑郁症"的患者发病数量呈现出增长的趋势。在寒冷季节出现症状

寒冷地域のヨーロッパではよく知られている。「冬季うつ病」にかかる患者は２０代から３０代の女性によく見られ、男性よりも約４倍の確率で発症する傾向がある。現在では、老若男女関係なく発症する可能性がある季節病の一種で、「季節性感情障害」とも呼ばれている。

「冬季うつ病」の（ア 特徴）として、どれだけ寝ても疲れを感じやすい状態が続くという他に、食欲が旺盛になって甘い物などが欲しくなることなどが挙げられる。また、副交感神経が過剰に体の中で働いているため、胃腸などの消化器官が活発になる事によって食欲が旺盛になると考えられている。さらに、集中力が低下する、疲れやすくなる、興味が広すぎて集中できなくなってしまうといった症状が出てくるため、うつ病の範疇に含まれている。風が冷たくなり、冬が迫ってくると<u>こういった症状</u>が出てくる方は注意する必要がある。

（イ ところが）、普通のうつ病とは違い、春が来ると気持ちが落ち着いて、いつの間にか治ってしまうから、過度に心配しなくてもいい。できるだけ外に出て、直接太陽の光をたっぷり浴びることが大事だ。

的"冬季抑郁症"原本在欧洲的寒冷地区就比较常见。患有"冬季抑郁症"的患者中，20到30岁的女性较为常见，患病的概率为男性的4倍。目前，"冬季抑郁症"也被称为季节性情绪障碍，可能在任何年龄段都会出现。

"冬季抑郁症"的症状包括持续感到疲倦，无论睡多久都感到疲劳，以及食欲增加，渴望甜食等。另外，由于副交感神经在体内过度活跃，导致消化器官活跃，也被认为是导致食欲增加的原因。此外，还会出现注意力不集中、易疲劳、兴趣过于广泛而无法集中的症状，因此被归类为抑郁症的范畴。当寒风袭来，冬天临近时，出现这些症状的人需要引起重视。

但是与普通的抑郁症不同，春天来临时心情会变得平静，症状会不知不觉地消失，所以不必过度担心。重要的是要尽可能去外面充分沐浴阳光。

36.【参考答案】D

【本题问题】符合文中的"冬季抑郁症"内容的是哪一项？

【答案解析】本题考查对第一段和第二段的句意理解。根据上文翻译，题目问的是："冬季うつ病（冬季抑郁症）"相关表述，根据第一段第2句冬季抑郁症的概念描述，即"'冬季抑郁症'是一种随着寒冷气息的到来，人们的心情也变得低落的心理疾病"，故应是"与季节相关的心理疾病"。由此可见，选项D正确。

37.【参考答案】B

【本题问题】在文中（ ア ）的位置放入哪个词最合适？

【答案解析】本题考查对第三段第1~3句的句意理解。根据上文翻译，题目问的是：填入文中括号（ ア ）中最恰当的词汇，根据后文内容可推测括号中应为后文内容的总结性词语，即"症状，特征"等意思的词语。由此可见，选项B正确。

38.【参考答案】C

【本题问题】文中的"像这样的症状"指代的内容是哪一项？

【答案解析】本题考查对第三段第1~3句的句意理解。根据上文翻译，题目问的是：冬季抑郁症的症状，即容易困倦、食欲增加、兴趣过于广泛、注意力下降等，故应是

"无论睡多久依然感到困倦"。由此可见，选项C正确。

39.【参考答案】C

【本题问题】在文中（　イ　）的位置放入哪个词最合适？

【答案解析】本题考查接续词、段落之间的逻辑关系。根据上文翻译，题目问的是：恰当的接续词，根据第三段最后1句和第四段第1句的句意可知前后句是转折的逻辑关系，即"但是"。由此可见，选项C正确。

40.【参考答案】D

【本题问题】根据文章内容，如果患上"冬季抑郁症"，要怎么办？

【答案解析】本题考查对最后一段的理解。根据上文翻译，题目问的是"患上冬季抑郁症后的做法"。即"春天来临时心情会变得平静，症状会不知不觉地消失，所以不必过度担心。重要的是要尽可能去外面充分沐浴阳光"。由此可见，选项D正确。

第三部分　语言运用

第一节

原文	中文翻译
日本の学校には、授業の始まりと終わりに「お辞儀」をする習慣がある。座席から立ち上がり、先生に向かって「礼！」の号令41<u>とともに</u>、頭を下げるのだ。お辞儀は元々は上位の相手に対して、最大の急所（身体要害）である頭を差し出す42<u>こと</u>で、敵意がないことを示した。徐々に相手に敬意を伝える振る舞いになった。今は頭を深く下げる43<u>ほど</u>、深い敬意を示すと理解されている。 　お辞儀は敬意を示すほか、謝罪や感謝を示す場面で使われるので、海外からは44<u>分かりづらい</u>面がある。例えば、政治家や企業の謝罪会見では、深々と頭を下げるのがお決まりだ。野球やサッカーなどのスポーツでは、観客や対戦相手に45<u>感謝</u>の気持ちを持って礼をする。 　46<u>しかし</u>、海外メディアやSNSでは「敗退したことを謝っている」と誤解して伝えている。実は「応援してくれてありがとう」という気持ちを表している。一方、日本人は、お辞儀とは違って国際儀礼のあいさつである「握手」にはあまり馴染んでいない。「無接触」というのは日本の儀式作法の特徴だ47<u>と言っても過言ではない</u>。	日本的学校有一个传统，即在课堂开始和结束时鞠躬。学生会站起来，听到"行礼！"的口令的41<u>同时</u>向老师鞠躬。鞠躬最初是向上级表示尊敬，通过将人体最重要的部位头部展示给对方42<u>这个举动</u>，表达自己没有敌意。渐渐地，这种行为演变为向对方表达敬意的举动，如今，头鞠得43<u>越深</u>，表示的敬意就越深。 　鞠躬不仅表示尊敬，还在表示道歉或感谢的场合使用。然而，这种行为在海外可能44<u>难以理解</u>。例如，政治家或是企业道歉会上，深深地鞠躬是常见的。（选手）在棒球或是足球比赛现场上，也会对着观众或对手鞠躬以表示45<u>感谢</u>。 　46<u>然而</u>，海外媒体和社交媒体可能会误解这种行为。实际上，它表达的是"感谢你的支持"的意思。与此同时，日本人并不太习惯国际上的另一种问候方式——握手。"无接触"式的问候47<u>可以说</u>是日本礼仪的特色之一。

| お辞儀であれ、握手であれ、48他者への心遣いが一番大切だと思う。もっと言えば、洋の東西を問わず、あらゆる作法が人間関係を円滑にする49ために存在するのだ。どんな礼でも真心のシンボルであり、その裏には50必ず意味がある。文化的な違いがわかったら、ざっと見ると複雑に感じた礼儀作法に隠れている各国の独特な気質も自然に理解できるようになるだろう。 | 我认为，无论是鞠躬还是握手，都体现了48对他人的关怀。更进一步说，不管东方还是西方，各种礼仪的存在是49为了促进人际关系的和谐。无论是什么礼节，都是真心的象征，并且背后50一定有其意义。通过了解文化差异，我们也能够自然地理解各国独特的风俗习惯。 |

41.【参考答案】A

【本题考点】考查固定句型"～とともに"。

【答案解析】结合前后文，句子翻译为"学生会站起来，听到'行礼！'的口令的同时向老师鞠躬"，说明要填的是固定句型"与……同时"，可知选项A是正确答案。选项B是"听到……"，如选B，应改为"～を聞いて"更合适，选项C是"根据……"，选项D是"对于……"。

42.【参考答案】D

【本题考点】考查形式名词"こと"的固定句型，"～ことで"表示"通过……手段、方式"。

【答案解析】结合前后文，句子翻译为"通过将人体最重要的部位头部展示给对方，表达自己没有敌意"，说明要填的是固定句型"通过……手段、方式"，可知选项D是正确答案。选项A"动词基本形+～ところです"表示"即将做某事"，选项B"～のです"表示"解释说明"，选项D"～ものです"表示"应该……"。

43.【参考答案】C

【本题考点】考查副助词"ほど"的固定句型"～ば～ほど"，表示"越……越……"。

【答案解析】结合前后文，句子翻译为"头鞠得越深，表示的敬意就越深"，说明要填的是固定句型"越……越……"，可知选项C是正确答案。选项A"まで"无法翻译通顺，选项B"さえ"同上，选项D是"ので"，表示因果关系。

44.【参考答案】C

【本题考点】语境题，填入与文章情节相符合的内容。

【答案解析】结合后文"海外メディアやSNSでは～誤解して伝えている"，说明填入的内容应该是海外的人不太能理解日本的鞠躬这一行为所表达的意思，可知选项C是正确答案。选项A是"容易理解"，选项B是"被传达"，选项D是"被说"。

45.【参考答案】D

【本题考点】语境题，填入与文章情节相符合的内容。

【答案解析】结合前文"謝罪や感謝を示す場面で使われるので"，以及结合后文"「応援してくれてありがとう」という気持ちを表している"，说明填入的内

容应该是在比赛时向观众鞠躬是为了表达谢意，可知选项D是正确答案。选项A是"道歉"，选项B是"敬意"，选项C是"支持，加油"。

46.【参考答案】D

【本题考点】考查接续词"しかし"，表转折。

【答案解析】结合前文"謝罪や感謝を示す場面で使われるので"，以及结合后文"誤解して伝えている"，说明填入的内容应该是（选手）在棒球或是足球比赛现场上，也会对着观众和对手鞠躬以表示感谢，但是却被外国人误解为比赛失败在道歉，可知选项D是正确答案。选项A是转换话题，选项B是因果关系，选项C是先后、并列关系。

47.【参考答案】A

【本题考点】语境题，填入与文章情节相符合的内容。

【答案解析】结合后文"日本人は、お辞儀とは違って国際儀礼のあいさつである「握手」にはあまり馴染んでいない"，说明填入的内容为日本人对外国人握手这样要进行身体接触的打招呼方式并不是很习惯。可知下文应该是说"可以说'无接触'式的问候是日本礼仪的一个特色之一"。可知选项A是正确答案。选项B是"不能断言"，选项C是"不说也可以"，选项D是"不说也可以"。

48.【参考答案】C

【本题考点】语境题，填入与文章情节相符合的内容。

【答案解析】结合后文"どんな礼でも真心のシンボルであり"，说明所缺部分要传达的应该是无论是鞠躬还是握手（虽然方式不一样），但是其中所包含的对他人的尊重与情意是不变的，可知选项C是正确答案。选项A是"礼节行为的具体做法"，选项B是"国家的文化"，选项D是"人际关系"。

49.【参考答案】A

【本题考点】考查形式名词"ために"表目的。

【答案解析】结合前后文，句子翻译为"各种礼仪的存在是为了促进人际关系的和谐"，说明要填的是固定句型"为了……"，可知选项A是正确答案。选项B是"ように"表示目的时前面一般接非意志动词、动词否定、动词可能态等，选项C是"代替……"，选项D表示"多亏了……"。

50.【参考答案】B

【本题考点】考查副词的意思辨析。

【答案解析】结合前后文，句子翻译为"无论是什么礼节，都是真心的象征，并且背后一定有其意义"，可知选项B是正确答案。选项A表示"一定"，选项C后接说话人主观意志等句型表达，选项D是"決して～ない"后接否定，表示"绝不……"。

第二节

51.【参考答案】同僚

【答案解析】考查单词"同僚"的当用汉字。

52.【参考答案】でき

【答案解析】考查动词可能态否定变形。"する"是三类动词，同时此处要求联系上下文语境翻译为"不会做工作的人"，所以此处要变为动词可能态否定形式，"する"的可能态为"できる"，其否定形式为"できない"。故答案为"でき"。

53.【参考答案】で

【答案解析】考查助词"で"表示状态的用法。表示"以……状态进行另一项行为或动作"，翻译为"所有的计划安排也是在紧凑的行程下制定"。

54.【参考答案】よかった

【答案解析】考查一类形容词的过去时态。"いい"是一类形容词，同时此处要求联系上下文语境翻译为"之所以赶上了只不过是因为运气好罢了"，所以此处要求变为过去时态。由于一类形容词"いい"变形只能在"よい"上进行，故答案为"よかった"。

55.【参考答案】起これ

【答案解析】考查动词的"ば形"变形。"起こる"是一类动词，同时此处根据后文提示可知要求进行"ば形"变形。由于一类动词"ば形"变形规则为"词尾变形相对应的'え'段假名+ば"，故答案为"起これ"。

56.【参考答案】を

【答案解析】考查助词"を"提示宾语（动作作用的内容、对象）的用法，构成"～を他动词"的用法。

57.【参考答案】よゆう

【答案解析】考查单词"余裕"的对应假名。

58.【参考答案】なく

【答案解析】考查动词的否定变形。"ある"是一类动词，同时此处要求联系上下文语境翻译为"即使什么都没有发生，也可以进行检查或整理仪容仪表等，将空闲的时间利用成有意义的时间"。"ある"为一类动词，否定形式为"ない"，又需要进行"て形"变形，故答案为"なく"。

59.【参考答案】有意義な

【答案解析】考查二类形容词修饰名词的用法。"有意義"是二类形容词，同时此处要求联系上下文语境翻译为"即使什么都没有发生，也可以进行检查或整理仪容仪表等，将空闲的时间利用成有意义的时间"。由于二类形容词修饰名词为"二类形容词+な+名词"，故答案为"有意義な"。

60.【参考答案】が

【答案解析】考查助词"が"提示主语，表示客观现象，事物的状态、性质或表示话题中首次出现的事物的用法。翻译为"因为努力保持从容的行为，所以在心理上也产生从容的感觉，这样会更容易产生积极性和集中力"。

第四部分 写作

第一节 范文

　あけましておめでとうございます。

　今年は大学入学試験に参加する年です。よい大学に入ろうと思って頑張っています。

　今年もご指導のほどよろしくお願いいたします。

　ご健康とご多幸をお祈りいたします。

　　2024年元旦

　　　　　　　　　　　　　　　　　　　　　　　　張　三

第二节 范文

　　　　　　高校生の仕事に対する考え方

　この図は3カ国の高校生を対象にした、仕事に対する考え方に関する調査結果です。調査によると、中国の高校生は最も積極的で、「就職後に理想の仕事を見つける」と考える人の割合（77.0％）が他の2カ国を上回っていました。中国の高校生が職業に強い関心を持っていることがわかりました。

　自分の場合になると、私は社会に役立つ仕事がやりたいです。なぜかというと、私はいままで色々なボランティア活動に参加してきて、大変勉強になったからです。例えば、老人ホームでお年寄りの世話を見たり、図書館で案内役をしたりしました。このような活動を通じて社交スキルを磨き、人を助ける喜びを感じることができて、達成感が高いと思います。ですから、今後社会に役立つ仕事をやり続けたいです。